致未来的男孩们

これからの男の子たちへ

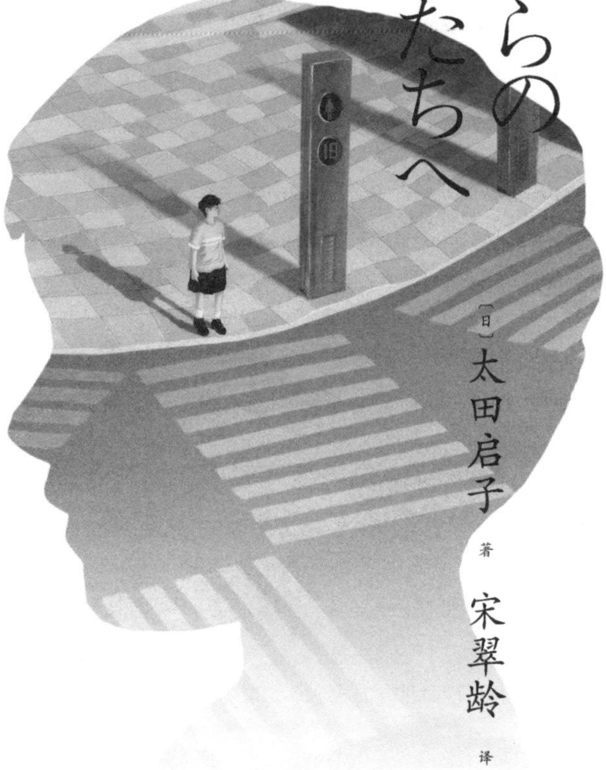

[日]太田启子 著

宋翠龄 译

中国·广州

图书在版编目（CIP）数据

致未来的男孩们 /(日) 太田启子著；宋翠龄译. — 广州：广东旅游出版社，2023.7
ISBN 978-7-5570-2966-1

Ⅰ.①致… Ⅱ.①太…②宋… Ⅲ.①暴力行为－通俗读物 Ⅳ.①C912.68-49

中国国家版本馆CIP数据核字(2023)第090963号

KOREKARANO OTOKONOKO TACHI HE
by Keiko Ota
Copyright © Keiko Ota，2020
All rights reserved.
Original Japanese edition published by Otsuki Shoten Publishers.
The simplified Chinese translation is published by arrangement with Otsuki Shoten Publishers through Rightol Media in Chengdu.
本书中文简体版权经由锐拓传媒取得（copyright@rightol.com）

著作权合同登记号：图字 19-2022-131 号

出 版 人：刘志松
责任编辑：廖晓威
策划编辑：周舰宇
封面设计：@ 刘哲 _New Joy
责任校对：李瑞苑
责任技编：冼志良
封面插画：SPIRIT7

致未来的男孩们
ZHI WEILAI DE NANHAIMEN

广东旅游出版社出版发行
（广东省广州市荔湾区沙面北街 71 号首、二层）
邮编：510130
电话：020-87347732（总编室） 020-87348887（销售热线）
投稿邮箱：2026542779 @ qq.com
印刷：北京金特印刷有限责任公司
地址：北京市石景山区鲁谷路 74 号
开本：880 毫米 ×1230 毫米　32 开
字数：148 千字
印张：8.5
版次：2023 年 7 月第 1 版
印次：2023 年 7 月第 1 次
定价：49.80 元

[版权所有 侵权必究]

本书如有错页倒装等质量问题，请直接与印刷厂联系换书。

序 言

大家好，我叫太田启子，是日本神奈川的一名律师。

律师，是指接受委托或者指定，为当事人提供诉讼代理或者辩护业务等法律服务的人员。

一般来说，律师的具体工作会因委托人具体情况的不同而呈现出千差万别。不过，于我本人而言，现阶段处理最多的还是离婚案件。虽然我不是专攻离婚案件的律师，但因为女性律师本来就占比较少（约占律师总群体的 20% 而已），加上"希望女性律师接手案子"的诉求较为集中，所以导致女性群体在我的委托人总数中占比高达 70% ~ 80%。

此外，相较之下我个人承接的性骚扰、性暴力方面的案件也比一般律师多一些。比如，性骚扰案件一般来自于大学等团体组织，那么作为律师就需要以第三者的立场去倾听被害者对骚扰事件过程的陈述及控告并随之展开的一系列调查和取证工作。当然，除此之外我还需要以"宪法沙龙"[①]（驻地宪法专题学习会）等活

[①] 宪法沙龙，此为日本法律行业的官方活动。

动的讲师身份，参与各种演讲和发言活动。

除了工作之外，我还是一位小学六年级和小学三年级男孩的母亲。

顺便提一句，我和孩子的父亲早已离婚，是一名大家口中俗称的"单亲妈妈"。于我而言，完整的自主育儿历程，已达大约8年之久。每一天我不仅要细致地照料和抚育两个儿子，还需要同时平衡律师工作。虽然日子看起来过得还算开心，但实则仿佛始终置身于一场激烈的斗争之中。更要命的是，就在写这本书的当下，由于新冠肺炎疫情肆虐传播，学校开始纷纷停课。因此，儿子们自然只能待在家中无所事事。精力过剩的他们很快就开始相互争吵、打架。对此，我不得不时而安抚劝解，时而忍不住要破口大骂；一边小心伺候他们三餐、面面俱到地给他们做着健康管理，一边还得努力监督他们的学业……时间成了最匮乏的资源，每一天的我都如同深陷于疾风骤雨之中，狼狈不堪。

在这个过程中，我日渐感受到男孩的养育方式其实是有别于女孩的养育方式的。

不知为何，我从小就很反感"女孩就要有女孩的样子""男孩就要有男孩的样子"这类刻板的教条和执念，认为大人们不应该用"因为是女孩子"或者"因为是男孩子"这种简单粗暴的理由来随便定义和对待孩子。例如，"教育女孩子只要给她足够的关爱就可以啦，不必要求她读那么多书""女孩生来就不擅长数学啊"以及"我家那个明明是个男孩，却总是一副畏首畏尾的样子"之类的说法，乃至我至今想起来仍觉得这是一个陷阱。我想说："这种做法是错误的。单纯用性别的标尺给孩子下定论，必将大大阻碍孩子们未来的成长可能性。"

所以，我对于书店里经常出现的"男孩养育方法"之类带有浓重性别标签的书籍总是免不了条件反射般地竖起防备心理……

看到这儿您一定觉得很困惑吧？——既然如此，那您又为何特意要以"男孩的养育方式"为主题写这么一本儿书呢？接下来我将对此作出说明。

在我的原生家庭中，有三个姐妹，我是长女，而同在一个屋檐下生活的男性家人只有父亲一人而已。我就是在这样的环境中成长的。我的父亲是一名经常前往海外出差的忙碌的普通公司职员，而我母亲是一名家庭主妇。暑假等大量的童年时光里，我一般只与我的两个妹妹一起玩。所以，对于家中没有兄弟的我来说，我几乎很难有机会目睹身边男孩的成长历程。当然了，在学校还是会经常和男生们一起玩的，但是实际上也并没有那么频繁……

这样的我却在 32 岁时有了长子，又在 35 岁时有了次子，升级成为了一对男孩的母亲。在成为母亲的年岁里，我几乎每天都不得不直面这个曾经与我八竿子打不着的"男孩的养育方法"的命题。

若与同为母亲的女性朋友讨论起育儿问题，则人与人之间自然都会存在一些客观上难以避免的认知差别，这是毋庸置疑的。

但除此之外，其实她们本人的原生家庭背景中"是否有过一同成长的兄弟"这一因素也会使她们对于"男孩的养育方式"产生各式各样截然不同的认知印象和信息差。比如说，家中有哥哥或者弟弟的女性朋友就会时常讨论"我哥以前如何如何……""我弟如何如何……"以及"男生好像一般都是这样的吧"等话题（对了，话说我也经常能听到他们抱怨或者哀叹自己的父母对于身为女儿的自己和作为男孩的兄弟们采取差别对待）。然而，我从未有过上述的认知输出。

也许正是基于上述这些情况，我一边审视儿子们的种种日常行为举止，一边惊讶于这种与自己孩童时代完全大相径庭的"男孩们的生态"，内心常能体会到一种近似于"咦？原来世俗大众对于男生竟是这样的印象啊！"的违和感与冲撞。

这里我虽然写的是"男孩们的生态"，但绝不认为人类的行为和思维方式是由与生俱来的性别特征（比如遗传基因、脑构造水平等）所决定的。

我并不打算反对"性别"本身可能带来的某些特有倾向，只不过是认为单纯依据"男脑""女脑"这样单一的词汇来诠释男女在行为以及思考方式的差异，未免欠缺科学依据。上述这种说法被称为"性差别神经系统[①]"（脑神经性差别主义），似乎近年

[①] 性差别神经系统（Neurosexism），即认为男女的行为和思考方式的差异是由性别导致的、与生俱来的脑差异所致。

来一直深受学术界广泛瞩目。

以我多年对儿子们的观察经验而言,我认为与其说是"脑神经性"性别的差异,不如说他们是通过不断接收身边的来自于大人、媒体的大量信息进而学习模仿,通过由外而内深层次的渗透,进而潜移默化地改变其内在行为和思考机制。

著名的法国作家西蒙妮·德·波伏娃①有句名言:"女人并非生来就是女人,是后天成为女人的。"

这句话曾经在我以"女性"这个身份跻身于人世间、体会到无数次破茧成蝶所带来的成长蜕变之痛时,经常浮现在我的脑海中。但当我膝下有了两个男孩之后,我才越发意识到,这句话对于男人也是共通的,也就是说,这句话也可以说成——男人并非生来就是男人,而是后天"成为男人"的。

在养育儿子的过程中,我深刻感受到"人"这一物种,真的是从他们极小的时候就已经作为一种社会性的存在活跃于人类社会了!这大概算得上是一种理所当然的客观事实。但于我而言,直到孩子降生并与我朝夕相处之后,我才逐渐如醍醐灌顶般意识到这种社会参与性其实早在他们蹒跚学步的时候便已悄然开启。它可能来自于绘本、漫画、电视,也有可能来自于保育所或幼儿园的朋友、老师……你看!孩子们果然从小不点儿的时候就已经

---

① 西蒙妮·德·波伏娃(1908—1986):法国著名女性小说家、文学评论家、哲学家。曾获龚古尔文学奖,著有作品《第二性》《名士风流》《别人的血》等。

开始在父母及原生家庭以外的影响下慢慢成长了呢！

然后我们会发现，这些从社会中获知的海量信息均已被泾渭分明地打上了"面向女性"或"面向男性"一类的性别标签。比如，我们只需看看电视节目上关于各类儿童玩具的商业广告就能轻松明白哪些商品是面向女孩的而哪些商品是面向男孩的，几乎到了使人一目了然的程度。在少儿电视台上，女孩们一边将人偶打扮成母亲的模样，一边像是被植入了固定程序一般，用女孩特有的可爱嗓音说："看，这是我可爱的妹妹。"显然，这种广告是在笼络女孩群体。

当然，除此之外也时常会有对这些玩具无感的女孩，或者是看到这种广告就嚷嚷着"我也要买这个"的男孩等例外的情况。然而，随着这些被打上性别标签的东西越来越多，其后果将使得日常社会上关于"面向女性"或"面向男性"的信息无限地积攒下去……这是毋庸置疑的！

而我认为正是这种面向男女的"差别"程度的不同，才会形成男女之间迥异的价值观和感受力。其实，现实中也有很多关于"日常媒体是如何定义和描刻女性性别属性和男性性别属性[①]的？这种被描刻的印象是否已成功地植入于大众人群的内心了呢？"等一类的学术研究。

[①] 性别所带来的，与生俱来的行为举止、价值观倾向等。

由此，我在与儿子们的日渐相处中，开始认真地思考：或许只要我们的整个社会一直浸染在这种固化的男女印象和偏见中，那么即使家长们不在日常家庭生活中对孩子们灌输"女孩该有的样子"或"男孩该有的样子"之类的刻板思想，孩子们也仍可能会从社会整体文化中习得"性别偏见"的价值观以及行为模式。

这对于女孩而言也是同理。只不过，对于在性别偏见方面占有少数属性的女孩子和占有多数属性的男孩子而言，其各自的表现方式是不同的。因此，我逐渐不自觉地意识到——在养育男孩和养育女孩时，我们的教育关注点应当是有所差别的。

仔细审视那些不管是以我作为一名律师所接手过的家暴离婚案件、性虐待等案件中的涉案男性对自己的言行认知，还是经由媒体报道出来的性暴力事件中的施害者的所作所为，我们都不难发现很多施害者不仅不反省自己的犯罪行为，反而会调转矛头谴责被害人……这样的情况非常多见。

看到这些男性的行为和言论，我不禁思考，为什么他们会产生这样的男性思维方式呢？但随后我又反过来想，对于那些马上要步入中年或者刚刚踏入老年并且不愿改正自己言行习惯的男性而言，想让他们从根本上改变自己的思维方式无异于比登天还难。虽然我也很想相信施害者们未来能有所改变，但实际上，若想以"说服教育"的方式来迫使他们做出改变的话，必将需要耗费大量的时间和精力。所以，与其这样不如将他们作为反面教材进行育儿教育。

我逐渐意识到,为使即将在不久的将来长大成人的男孩子们不效仿他们,于我而言"在育儿过程中应该注意哪些问题"这一命题已然到了迫在眉睫的程度。

作为始终带有这种问题意识的一名母亲,我持续记录了自己日复一日的探索过程。在这个过程中,我也与许多同样心系"男孩养育方法"的人们展开了一系列的讨论,并不断整理总结,最终写下了这本书。

与同样关心"男孩养育方法"的父母以及站在不同立场上为孩子们的未来保驾护航的诸位家长们一样,我同样也认为:若要消除社会上的"性别偏见",归根结底必须要重视"男孩的养育方法"。

这也是我决定本书以此为主题的关键契机!

此外,若有幸能使那些即将长大成人的广大青少年孩子们以此为媒介,自发地展开对于"性别偏见及性暴力等问题"的反思,以及在这个基础上进一步深刻思考"若是自己面对上述问题时又将如何看待和处理"的话——我将倍感欣慰。

目 录

第一章｜笼罩在男孩日常生活中的性别偏见　　1

第二章｜套在男孩身上的"枷锁"　　25

第三章｜男孩应该明白的事　　113

第四章｜如何对孩子开展性教育　　151

第五章｜思考"产生错觉的表现"　　183

第六章｜致未来的男孩们　　233

第一章

笼罩在男孩日常生活中的性别偏见

育儿过程中常能感知的性别偏见

如同开篇所写，我是在养育两个儿子的过程中逐渐关注到男孩的养育方法的。因为我不想在日常点滴中给我的儿子们施以"女孩子该有的样子""男孩子该有的样子"一类的刻板说教，所以不管是在表扬还是责骂他们时，我都未曾用过"不愧是男子汉！""很有男子气概哦！"以及"作为男人，你不感到害臊吗？"之类的话语。虽然我也曾对动不动就哇哇大哭的儿子大声呵斥"不要再哭了！"，但一般这种情况下我都会进一步耐心地加以引导，例如对儿子说："光哭是解决不了问题的，你可以说说你为什么感到难过，因为只有这样别人才能明白你的想法啊……好啦，冷静下来仔细想想。你哭得这么伤心，一定是发生了什么令你接受不了的事情对不对？在哭之前我们是否还能够做些什么呢？"……

以上这些努力能多大程度奏效我不是很确定（如果大家有别的更好的方法，烦请一定不吝赐教）。诚然，想一想在这些状况下我们既要考虑到各种前因后果,又要为到底该怎么说孩子们才能听得进去而烦恼,确实会感觉到麻烦。但我认为如果我们因此因噎废食,企图用一句"男子汉不能哭"敷衍了事的话,那么将来必将引来更多无穷无尽的麻烦。

这些东西是否有价值呢?迄今为止,我的两个儿子尚未说过"因为我是男孩子嘛"这样洋洋自得的话语,也从未对他们的朋友说过"真不像个男子汉"一类的坏话。兄弟俩都很阳光、活泼,也很喜欢在外面和朋友玩捉迷藏……可以说,任何一点都很符合男孩子该有的模样。一方面,他们也喜欢布娃娃,会在外出旅行的时候选择只买其中一只最喜欢的布娃娃作为纪念就可以了。比如在熊本机场买的熊本熊、在迪士尼乐园买的维尼小熊以及在韩国首尔买的神秘动物系列的布制玩偶。他们兄弟俩经常会对着玩偶自言自语或者分饰角色过家家,以此自娱自乐。另一方面,兄弟俩在买衣服时也会像其他男孩一样倾向于选择更具有男孩范儿的黑色和蓝色,也会和朋友们玩"陀螺战士""决斗大师"等卡牌操控类的男孩爱玩的游戏……而现在,他们兄弟俩正沉迷于"采矿船"游戏,不但自己玩,还热衷于通过社交媒体观看其他玩家的游戏视频……他们的现状大概就是这样,既喜欢着男孩喜欢的东西和游戏,但又不仅仅局限于这些。

因此,我认为为人父母者虽说不必非得事必躬亲去操持,但

第一章 笼罩在男孩日常生活中的性别偏见

确实应当注意因势利导，对孩子进行及时的引导和教育。因为只有这样，才能更好地在他们的成长过程中保驾护航。

不过，我发现男孩在成长过程中似乎总是被"性别偏见"的薄膜包围着。例如，以前看到偶尔才前来串门的亲戚对正在哇哇大叫的长子开玩笑道"好啦！别哭啦……你可是男孩子，是男子汉哟"时，我就会十分诧异，脑子"嗡"的一声，觉得非常难以接受……但毕竟也知道说话者本人确实没有恶意，所以实在也很难开口阻拦说"不好意思，您能别这么说吗！"之类的话语……

还有，在最近儿子们喜欢的游戏直播视频里，当红博主不时喊着"来吧！是男人就开始战斗吧！"之类的话，听着也让人火大……

虽然知道很多确实是无心之举，但确实常常能感觉到"性别偏见"的刻板印象已深深地渗透到孩子们的日常生活空间中了。顺便提一句，当时我说了一句："等等，抱歉打断一下，刚才我听到'是男人的话，……'我很介意……"结果长子未等我说完，便接道："我知道我知道，您是不是想说'什么事情该不该做，跟是男孩是女孩，没什么关系'对吧？好啦！我知道啦！您别影响我看视频……"就像这样，不管我怎么煞费苦心地避免用带有性别偏见的方式教导他们，可他们的日常成长生活环境却仍然无可避免地被各种相关的言论和印象入侵，就像时常被一种性别偏见的薄膜包裹着似的。这层膜有时轻薄如翼,仿佛风一吹,便可如云雾散去;有时却厚重到令人感到压迫和窒息。上述举的例子只不过是单纯关于"是男人的话,就……"的一种言论样本而已,然而除此之外在日常电视、漫画中还充斥着数之不尽的关于对女性偏见的描刻方式以及与性暴力有着千丝万缕的联系的言行举止,关于这些,我将在第五章进行详细的阐述。

第一章｜笼罩在男孩日常生活中的性别偏见

来自家长的性别偏见问题

在养育孩子过程中，我也时常能够注意到很多与自己年纪相仿的家长们有着"性别偏见"的言论。当我儿子还在保育园上学时，我曾听见他某位同学的妈妈（一位养着两儿一女的母亲）在就教育费用居高不下的感慨中说道："养孩子真是费钱呀！我们家只能把钱和精力集中到她哥哥们身上了，妹妹就只能将就着啦！"听完我惊诧到要瞬间石化……就因为"是男孩子"这一个理由，家长在教育资源调配时就选择把天平倾向于男孩，这显然是不折不扣的"性别偏见"表现。虽然听着像是开玩笑的口吻，但不由得让人暗自祈祷：但愿他们家的姑娘平时在家中不会受到来自父母性别偏见的差别对待所带来的伤害；但愿他们家的男孩也不要"因为自己是男孩"，所以觉得比妹妹多享受金钱的倾斜是理所当然的；因为我在工作中处理遗产继承类的家族争端时，也能经常看见男性"作为长子，自认为与众不同的"毫不掩饰的特权意识，所以我也但愿他们家的男孩不要由此滋生出不良的"男性特权"的意识萌芽。

除此之外，还有这样的情况，比如：一位男性律师朋友喜得千金。在与几名同事谈起女儿时，其中有个人无意问道："搞不好令爱以后也会做律师吧！"（业内常有父子或父女同为律师的情况）听到这儿，那位已为人父的男性却说："算了，女孩子嘛，还是别当律师的好……"听闻此言，除了联想到这位男士平常肯定没少对女性律师发表过类似言论之外，我更产生了一种对方内心里"希望女性退居男性幕后"的微妙的性别偏见即视感。真是让人五味杂陈……也许这位先生未必会在将来女儿想做律师时横加阻挠，但不管怎么说，当真是一段让人不爽的回忆啊！

此外，我还经常听见"对母亲来说，还是儿子比较亲切可爱"一类的说法。（当然，反过来也有"女儿是父亲的小情人"之类的说法。）当然，我想说这话的人当中也有很多是不假思索习惯性脱口而出的，但其实这里面也暗藏着许多问题……"对母亲而言，儿子要更加亲切可爱"的说法，当真如此吗？

我自己虽然没有女儿，但只要看见别人家的女孩就不禁感叹："我要是能有个女儿，我就心满意足啦！肯定会把她当成珍宝似的捧在手心。"事实上，不管是为人父母，还是生而为人，我们都不可免俗地会有个人偏好，但我认为，至少在儿女还是小孩子时，我们这些为人父母的就应当内心时刻谨记：切莫让孩子们感受到父母的爱是有所偏颇的。更何况"父母予爱之多寡，全凭子息性别之阳阴"一类的言论也绝非是能在人前随意言说的！就算其内心依然觉得"儿子比女儿好",但只要是将其视若理所当然,并进一步合理化、社会化,就不由得会让人觉得匪夷所思。我们有理由进而担心"傻瓜似的母亲最可爱"之类的言论一旦无意识地被内化,则恐怕将会发展成为一种放任男孩、逐渐滋生"有害的男子气概"于罔顾的行为之本源。

什么是"有害的男子气概"?

"有害的男子气概(Toxic Masculinity)"一词,此前我在书中并未提及,突然拿出来或许显得有些突兀。但其实这一概念早在20世纪80年代就已经被美国心理学者提出。社会普遍舆论中认为,"男子气概"是一类被视为理所当然并饱受赞扬的言行举止。因此,男性在潜意识中普遍希望自己的日常举动能够向"男子气概"靠拢。但其实这些特性中却暗藏着许多与暴力与性别偏见密切相关的行为价值观,以及进一步迫使男性产生自暴自弃的、有害的行为特性。

《男性的衰落》(格雷森·佩里著)一书中所概括的以及社会心理学者们提出的"男性属性四要素"一致认为,男性应当具备以下特性:① 强自尊;② 有影响力;③ 坚忍不移,沉着冷静;④ 打倒对方,不说泄气话,积极谋求社会地位及成功。就算深处危难境地,也应坚忍不拔地杀出重围,甚至可以为此采取攻击性、暴力性的态度及行为……具有上述特性才是社会普遍认知上的"男子气概"。

"不说泄气话，刚毅勇敢"大概算不得是坏事，但对于生来个性细腻、温柔谦和的男性而言，却极有可能反过来使其对自我的个性产生怀疑和否定，给他带来枷锁和桎梏。以"男人立世，当出人头地"为例，在"社会性的成功"上贴上"作为男人"的看似积极价值观的标签，这种潜意识在当今的日本社会里仍然根深蒂固。取得社会性的成功自然是好事，但倘若"未能取得所谓的成功"，则是不是也意味着此人"不配做男人"呢？再者，即便自己取得了所谓的成功，就可以因此打心底蔑视那些尚未取得成功的男性吗？

至于"面对危机必须坚忍不拔"，在产生高效能的背后，也将使男性内心的痛苦和恐惧被过分地压抑，从而反向滋生出更多的负面后果。也正因为这种"不可展示内心的脆弱"的男子气概，日本男性的自杀率相较于女性而言持续居高不下。或许，这就是酿下这一社会悲剧的重大潜因[①]（根据厚生劳动省的统计报道：日本男性的自杀人数是女性的 2.2 倍）。

被社会普遍意识认为的"男子气概"也并非全与有害行为有关。相反，它是进取心和自制力的源泉。成功立业也好，勇猛果敢也罢，其本身是无可厚非的。只不过，若包括你我在内的大多数人都只关注到它积极的表象，而未曾注意到其背后潜藏的消极

[①] 日本厚生劳动省公布数据——"2018 年中期自杀情况"。

意义的话，则很有可能会使它逐渐演化为"导致男性问题行为的潜在因素"。

以神话"男子气概"为导向的价值观所带来的结果——将使男性只能用胜败与否来评判自己；总是要求自己必须居于女性之上，从而无法与女性建立对等关系；不断否认自我的不安与脆弱，时常以超乎身心的极限埋头于工作之中……以上种种，很多时刻不都会在男性身上上演着吗？

我总能感觉到，在我所经手的离婚案件、性骚扰案件中，涉案男性的行为后面大多与此有着千丝万缕的联系。

我认为，男人们真的很有必要对自己已经不知不觉中深陷于"有害的男子气概"的钳制而不自知的现状有所警觉，并且应当尝试努力摆脱这种有害的枷锁。围绕着"有害的男子气概"展开的不息的叩问，对于殷殷期盼即将长大成人的两个儿子们能够拥有幸福的人生的我而言，是十分重要且迫切的。

关于男孩教育的三大问题

接下来我谨将我本人约 12 年来在男孩教育历程中经常听见的、极有可能被"有害的男子气概"粉饰过的家长的言行,以及个人认为应当制止的问题汇总成以下三大问题:

一、男孩就是"大笨蛋";

二、错误的"掀裙子"行为;

三、男孩的恶作剧只是"傲娇的善意"。

下面让我来逐一说明。

一、男孩就是"大笨蛋"

养育男孩时,我们常会发现:男孩举止粗鲁、极其淘气、完全不听大人的话、注意力涣散、经常丢三落四。总而言之,聒噪得让人心烦意乱……这些烦恼常常被很多家长抱怨。也就是大家所谓的"对对对,男孩都这样"的种种行为对吧!

如果你在互联网上尝试用"白痴男孩的母亲之'死亡扑克牌①'"的话题标签进行检索,就会看见养育男孩的"老母亲们"留下的铺天盖地令人哭笑不得的呐喊和吐槽。例如,检索平假名【し】会出现"作业总是次日早起抱佛脚";检索【べ】会出现"便当盒总忘带回家";检索【ほ】会出现"衣服兜里永远有橡子"之类……

每每读起,总能让人一边哈哈大笑一边惊叹"对对对!有有有",又或者使人频频点头,深表同感:"啊?原来这些羞于启

---

① 日本一种互联网话题。以某一日文平假名为关键字进行检索,即出来相应的宝妈们育儿过程中遇见的诸多吐血般的吐槽。每句吐槽语的第一个字节发音即为所检索的平假名音节。有"扑克牌"之感,戏称"死亡扑克牌"。

齿的糗事在别人家也常有啊！"并由此仿佛获取了些许心安。不可否认，这种用略带自虐式的素材拼接成的育儿方面自嘲话题，既搞笑，又让人欲罢不能，几乎被全民追捧，热度空前。不过，这里有两点引发了我的注意。

第一，当真如大家所言"对对对，有有有"吗？难道这些不是与性别无关，单纯只是所有小孩子都会有的共性吗？这是我的第一个质疑。就拿我本人来说，我在孩童时代就经常干"把便当盒落在学校"的事儿，也绝不是那种"总是能提前一天准备好次日功课"的乖小孩儿。

我经常在育儿的过程中听见"女孩子的心理发育早于男孩，所以女孩一般都会比同龄男孩更成熟"的言论。确实，在大方向上可能的确有这种倾向。说到这，我想起我儿子有个女玩伴儿曾经就因为说了比较早熟的话语而被取笑过。那个女孩在给了我儿子零食之后，又后知后觉地用"母亲式"的口吻跟我说道："啊对了，我刚刚给了某某（我的儿子）这种零食，不要紧吧？没能事先问问您的意见，真是对不起……"略显老成的言语与她稚嫩的外表形成了鲜明的反差，那模样儿让人忍俊不禁，我没忍住扑哧一声笑了出来。

此外我认为，正是因为这种说法早已在社会中流传，大家几乎见怪不怪了，所以当人们一旦看见女孩子展现出略显早熟的言行举止时，就会自然而然地将其视为"早熟"言论的现实例证，并几乎条件反射般地想:"果然,女孩确实比较早熟呀!"慢慢地,这种言论就会反过来在女孩身上得到进一步的强化。也就是说,这里存在着一种逆向的因果逻辑。

我也经常从养育女孩的妈妈那里听见诸如"女孩也很调皮,也会做很多蠢事,几乎天天都要挨训……"之类的话语。但同样的行为举止,大人们的反应却总是大相径庭。比如,如果是男孩,则一般会被嘲笑道:"男孩真是大笨蛋呀!"但如果是女孩子的话,大人们则只是颇感意外道:"啊?原来女孩也这样啊?!太有意思了。"这些都是我们周边常有的事儿,不可否认吧。

我认为大人们应该反思——我们单凭孩子们与生俱来的性别差异特性,就对孩子们的幼稚好笑的行为举止进行"以性别为标尺的差别对待"到底是好是坏?或许,即便我们言语之中未曾精细地说一些类似"女孩子这样做是很没有教养呀……"的诱导性的话语,但实际上已经做出一定方向上的诱导了!又或许,正是因为女孩们早已在不知不觉中捕捉到了大人们这样的倾向和希冀,才会不自觉地朝着"早熟"的方向去要求自己。而男孩"对对对,有有有"的行为方式也同理——到底是因为先有大人们相应的反应和态度,还是先有男孩本身的行为举止呢?搞不好,这是一个"先有鸡还是先有蛋"的问题。

我关注到的有关"笨蛋男孩"的第二个问题是:倘若这些行为举止真的是男孩子们都会有的,那么我们进一步思考一下——

如果当中那句被我们一笑了之的"笨蛋"的玩笑里其实潜藏着将来可能致使自家男孩向他人实施暴力行为萌芽的情况下，我们仍能泰然自若、一笑而过吗？明明本该正面管束、严声斥责的，明明换作女孩肯定不会轻易熟视无睹的一些行为，可为什么到了男孩子这里就变成了"男孩都这样""反正怎么说他也听不进去""就是淘气"等等，被随便纵容了呢？这样的事情很多对吧！

所以我深刻意识到，若将这些也放到"男孩的教育方式"上看，这里面或许还蕴含着太多严峻的问题。

此外，虽然我对"先天性发育障碍"并无专业研究，但因为我在处理离婚案件中经常能够发现当事人的父母或孩子中患有发育障碍的情况，因此这一方面也引起了我的关注。譬如"无法冷静下来""不会收拾整理"的人群中，其儿女便很可能存在"注意力缺陷多动障碍"的情况。因此，当我们总是习惯性地将所有不良行为都流于一句简单的"男孩都这样"的话，是不是就意味着错失"尽早发现一些轻度发育障碍的儿童"的良机呢？我对此颇感在意。

有时，当我面对不管如何耳提面命，仍然屡教不改的儿子们时，也时常会被一种无力感驱使着自己想要放弃，内心仿佛有个声音说："算了吧，反正不指正也是没事的。"每当这个时候，"男孩都这样"这句话便会自然而然地出现在我心头，为我那呼之欲出的"想要放弃"的念头提供正当且合理化的理由……

在日复一日的育儿过程中，难免会做不到尽善尽美，这是情有可原的。事实上，日常一些细枝末节的事儿睁一只眼闭一只眼亦未尝不可。只不过，我认为我们也应偶尔停下脚步，仔细审视在当下很多容易流于简单的一句"男孩都这样"的事情之中是否也掺杂着一些不可忽视的东西？

其本质原因是如果我们习惯于不假思索地认为"男孩都这样，没有办法"时，那么久而久之，那些存在男子精神里不好的东西便会得以积攒，迫使他们长大成年后缺乏体察他人以及自身痛苦的能力，并极有可能使之进一步间接演变成"有害的男子气概"的关键诱因。

二、错误的"掀裙子"行为

即便如此,仍然会有很多反对意见吧?比如:"感觉无一例外都是在责难啊!""虽说要杜绝,但几乎不可能啊!""等孩子们长大后就自然不会做这些行为啦!""说到底不过是些小孩子的恶作剧罢了!"

与"男孩常做的恶作剧"一脉相承的行为,还有曾经盛极一时的"掀裙子"。在我们那个年代的小学校园里,确实有很多在教室里公然掀女孩裙子的男生。不过,不知是不是我个人的错觉,我感觉与我小学时代相比,现在喜欢用"掀裙子"来打闹的小学生要明显少得多了。至少我没听过他们兄弟俩之间或是他们身边发生过这样的事情。不过话说回来,若真去掀女孩的裙子的话,就属于性质恶劣的大事件了。因为"掀开女生的裙子看对方内裤"这件事情更具有清晰的性方面的含义,是一种极其明显的性暴力行为。不过,实在想不通这样的行为为什么在曾经的很长时期里会被草率地默许成"男孩淘气的玩笑"被一再容许,现在回想起来,依旧觉得匪夷所思。

这里我虽然用的是过去式进行讲述，但最近却依然在电视节目上无意间看见某档节目中一位叫龟梨和也的艺人像是在炫耀其英勇战绩似的，大言不惭说道："我小时候可没少掀过女孩的裙子呢！"而节目组更是把它当作有趣的逸闻素材，还特意准备了"龟梨和也热衷于棒球和掀裙子"字样的大字卡，赫然呈现在电视机前的观众面前。只见龟梨和也一边半坏笑半鬼脸地自诩道："我可是从幼儿园开始就被誉为'掀裙子'界的艾斯！"一边做出掀裙子的动作。在场的嘉宾们见状个个笑得前俯后仰，连连附和道："对对，男孩都爱干这个！"

这档节目在儿童群体中也具有很高的人气，我儿子和侄子的偶像岚在这档节目中担任主持。我打心底庆幸他们没有在这样偶然的日子里看见这期节目。那只是以前真实存在的行为不假，但时至今日龟梨和也及节目组还把它拿出来取乐的行为也是真，因此"以前大家并没有不可以掀裙子的常识"这样的借口已经行不通了。这件事瞬间成为网络的热议焦点，社交网络上也满是对龟梨和也及节目策划者的非难和讨伐。我想大概是因为对此同样持有违和感和不愉快记忆的人仍然大量存在吧！

龟梨和也是位颇具人气的名人，但人们对他作为公众明星光环之外的非难声却持续居高不下。大概是因为大众普遍认为随着时间的推移，"掀裙子"的行为本身早就零容忍，更别提如今还把它拿出来作为"丰功伟绩"大肆炫耀！这种事早就被社会大众认定为既定的禁忌常识了！哪怕在此之前不过是一种"男孩子都爱干的、淘气的恶作剧"而已。

我认为像这档电视节目一般，把当今社会常识中不被容许的行为视同为"淘气行为"、视同为一种搞笑的素材，将会给被害者一方带来"被蔑视"的不良影响。而对于与既定常识反其道而行之的媒体的轻率做法，则更是让人感到无比遗憾和痛心。通过这件事，我认为"将性暴力行为当作搞笑素材"的行为将会给观众植入一种"轻视性暴力"的不良价值观，尤其是对于涉世未深的孩子们而言，毕竟他们也经常看电视。所以在此我呼吁节目制作方今后在节目制作过程中，能够对"不传播错误的认知"有更多的职业敏感度。

三、男孩的恶作剧只是"傲娇的善意"

接下来的这个话题，与其说是我个人"在育儿过程"中的心得体会，倒不如说是大家在日常生活中常能听见、看见的现象：当男孩对女孩恶作剧、弄哭女孩时，经常能看见一旁的大人一边责骂男孩道："快跟人家道歉！"一边堆笑说，"你不是很喜欢她吗？怎么弄哭人家了？"而女孩的家长也常在一旁安慰女孩道："原谅他吧！他其实是很喜欢跟你一块玩儿的。"

能理解说这话的大人们其实大多数都是不假思索、习惯性地脱口而出，但我认为这种话语不论对男孩本人，还是对女孩而言都不是正向的言语导向。诚然，孩子们在对待喜欢的玩伴时通常不能较好地传达自己的善意，导致在与同伴玩闹过程中经常做出不恰当的言行举止，给对方带来不愉快的感受。这种情况确实在孩子们的行为世界里经常出现。但与此同时，这种处理方式也容易让孩子们产生"只要是出于善意，那么即便给对方带来了不愉快，也会得到较大程度的谅解"的错觉，进而增加孩子们产生错误认知的风险。

首先，不管是不是出于善意，不能做的事情就是不能做，这是无可争辩的。再者，对别人实施表面上看起来是善意，实际上却会使他人感到痛苦的行为本身便是一种扭曲错误的表达方式。因为年少无知，所以不懂正确表达情感，这是情有可原的。但作为家长，我们不该将其看作"傲娇的善意"予以容许，应该对孩子们认真地加以引导："如果你想跟人家好好相处，就不能做令人家不开心的事情。否则，不但不能正确地表达你的友好，反而会让人家讨厌你。"

虽然也有无须家长推动也能在成长过程中逐渐依靠自我意识领悟到这番道理的男孩，但我觉得光靠他们自己领悟或者无法尽早达到在大人的推动作用下才有的领悟速度的话，未免有些过于缓慢。

"男孩都热衷于对喜欢的女孩子恶作剧"这种话语，是一种有碍于男孩自我觉悟的言论，应当得到大人们更多的关注和阻止！

这种言论对女孩而言也是有害的。因为即使当事女孩感到不愉快，也会因为考虑到"对方是善意的"而削弱"想要抵抗"的想法，并将内心的不良情绪不断压制和内化。"因为喜欢，所以……"这样的言论或许也是家暴受害者不能第一时间感到愤怒的原因。

在离婚案件中，我接触过很多一边对妻子施以家暴，一边云淡风轻地说一句："因为爱她啊，所以想让她能明白我对她的感情。"或者明明已经结婚却还骗对方自己是单身，婚外与女性发生性关系。当东窗事发被质问时，他还大言不惭地辩解道："因为我喜欢你啊……"之类的情况。

这种试图用"因为喜欢……"来掩饰和美化"对他人缺乏足够尊重的事实"的例子并不少见，所以我们或许应该对所谓的"傲娇的善意"式言论，多持一些警觉。

就像前面写的，我们应当注意检查男孩的日常生活的细微之处是否早已埋下了"有害的男子气概"的不良种子。作为家长们，我们的内心肯定强烈希望自家男孩能够安全躲开上述陷阱，健康自由地成长。所以，万一稍有掉进这陷阱的苗头，我们就必须拿出足够多的精力和信息工具来帮助孩子们摆脱它们。我想这就是我们为人父母的职责。

关于站在大人的角度，我们能够为此做些什么，我会在下一个章节进一步与大家探讨。

第二章

套在男孩身上的"枷锁"

第二章 | 套在男孩身上的"枷锁"

在这个章节里，我将对在第一章里谈到的问题意识进行延展、进一步剖析：在我们的当代社会中，已如空气一般普及并形成固化的性别分工意识等性别差异的魔咒，是如何影响我们的男孩子们的。

"男性学"探究的课题
——"没有出现问题的话，就没有必要修补"？

其间，我参照了很多"男性学"相关领域的客观知识。您听说过"男性学"这一概念吗？我想大部分人应该还不是特别了解，毕竟各类讲座极少谈起"男性学"，而且在学生时代学过男性学的人应该也不多。

1996年出版的《男性学入门》是伊藤公雄先生（京都大学、大阪大学名誉教授）在日本社会尚对"男性学"一无所知时，便已经展开了深入研究，并且撰写的男性学的先驱性的书籍。虽然可能时间会有点久远，但我想先引用这本书里的部分内容：

那么"男性学"到底是什么呢?

毋庸置疑,"男性学"是"女性学"得以发展之后应运而生的一种概念。所谓的"女性学"就是指:研究女性为了创造能够充分发挥女性自我特质和能力并通过自我实现获得更为丰富而有意义的人生的社会风气,女性们为此通过自己的双手做出的努力和创造的学问。

受此启发,我想所谓的"男性学"也可以是基于为了使上述那些本就担负着各种"问题",更无从谈"度过充实有意义的人生"的现代社会的"苦恼的男人们"能够拥有更为充实的人生所衍生出来的、为了探索男性的生存方式的研究吧。

伊藤先生本人在书中曾写道:"当然,我认为与其说'男性学'有很多种存在方式,不如说是有各式各样的'男性学'存在于这个社会。"光这句话尚不足以为"男性学"做解释,不过却可以理解为——能够将自己作为其中不可或缺的一分子来思考"身处于这个'以男性为中心'的社会,以及'性别偏见极强'的社会中,什么才是正确的男性存在方式?"其本身就是男性学。

不过,即便我们谈到了所谓的"男性学正确的打开方式"的命题,但当今社会大众却未曾为此感到过困扰吧!特别是对于一些并不觉得哪里不如意的男性,本身就未曾在某个瞬间感到过一丝"男性的存在方式里存在着某些问题",因此,想必他们根本感知不到"改变"的必要性吧!于是现实中很多男性不仅表现出对于"改变男性的存在方式"的不理解,更催生出"为什么我必须做出改变?"的抗拒心理。

对于这些不理解和抗拒的声音,我在第一章所提到的《男性的衰落》一书中,有以下解释:

对"性别偏见"的问题,男性的观点是"没有出现问题的话,就没有必要修补①"。对男性而言,现在的状况似乎并没有什么问题。但我想试问一下:"现实状况真的是没有问题吗?哪怕倘若男性性别差异问题的牺牲者超半数是男性,也没有问题吗?"男性性别差异是看似符合男性自我的——不管以何种姿态展现——都或许是阻碍男性生存的枷锁。或许正是因为男性不断被驱使着去凌驾、掌控,才会将作为人类重要的——尤其是关于心理健康问题——看得那么无足轻重;或许真是被男子气概所驱使,男性才不那么容易获得幸福。

"没出毛病的话就不用修补"(If it ain't break, don't fix it)一句是英文惯用的回应语,即意味着"系统或者方法等没有出现问题,能够正常运作的话就不用改变",那么换句话说就是"既然当下社会'没坏',那么也就无须做什么改变"对吧!除了上

---

① 一句美国谚语,此处作者加以引用并提出辩证的反思观点,详见后续。

述文字之外，我还想借用佩里书中的话语将自己的理解和思考做以下比喻论证：

一、这个社会真的"没坏"吗？

二、事实上，难道这个社会不正是因为某些"坏了"的东西才不得不超乎寻常地隐忍着某些东西吗？为了摆脱这种"不寻常"，男性难道不应该拿出改变的勇气吗？

三、为了修复当今社会上"坏了"的部分，男性难道不应该有所行动吗？

像这样，我们可以理解为这是一门促使男性不断向内追溯的学问。同时，这也与我想让儿子们未来能用自己的思维去理解和思考的东西一致——人活一世应当为了使自己能够幸福、自由地生存在这个世界，同时也为了积极实现自己作为在这个社会上赖以生存的一员的应尽责任，并最终为了度过一个更有意义的人生而努力。

第二章 | 套在男孩身上的"枷锁"

男性社会羁绊的支配力

在思考"男性性别属性的呈现方式"时,"男性社会性"这一概念也被作为其中的关键字眼被常常提及。"Home Social"(男性之间的社会性)是指一种连接在(男性)同性之间的、不掺杂任何性关系和性欲望的纽带和关联性。

"同性之间的"这一词语的含义里包含着女性之间的关联性。但一般而言,当我们提到男性之间的社会性时,我们一般指的是与男性之间相关联的某些羁绊,即常在诸如"男人之间的交往""男人间的友情""男人间的羁绊"一类的情境下使用。"羁绊"一词,首先使人听起来感觉比较有正向意义,自然也就不会存在"不允许男性之间关系亲密"的情况了。但问题在于,对于这种"羁绊"而言,女性以及那些缺乏男子气概的男性却被当成了异类排除在外。"男性社会性"的关联性特征被认为是一同具备"男子气概"的男人之间不断沉瀣一气、不断强化形成的对于女性的歧视。

在日本,不管是在国会或者地方议会,还是企业的高层领导,那些决定着社会重要意志的关键位置上随处可见都是男人的身影。因为一开始便不是以"允许异己存在"为前提而设立的制度，所以女性更难参与其中，更别提多元化融合了。

另一方面，对于男性而言，身处男性权力之争到底是不是一件令人舒坦的事情呢？可能也未必。这是因为，由于身处男性社会性的阵营当中，"到底谁更男人"这样的角逐性价值观便始终在男人们之间占据着支配性的地位。所以他们需要不断地证明自己的能力（比如更强的运动技能、更魁梧的身躯、工作上取得的更高成就等），进而迫使他们几乎无时无刻不对自己和他人之间的尊卑排序耿耿于怀。若想不被男性权力之争的阵营排除在外，想必就需要不断地在男性伙伴面前彰显自己"不像女人似的婆婆妈妈""很有男子气概"，并始终被"想要得到同伴接纳认可"的心理动机所束缚和牵制。而且，一如前面章节所写，虽然被传统意义上定义的"男子气概"的组成要素当中也不全是不好的东西，但其中确实常常混杂着一些具备攻击性的"有害的男子气概"。

首先，基于这个背景，如果男性们不能对此有所察觉和甄别的话，则极有可能触发男性权力之争阵营互相以"有害的男子气概"为行为基准，展开危险、错误的相互竞争的状况。事实上，近年来被报道的许多关于男性阵营中发生的性暴力案件中，只要仔细往前追溯都能发现其根源性问题大都是"男性权力之争"的观念被极端推崇所致。

其次,"有害的男子气概"之害,远远不只是"累及被害方"那么简单。我很多处理过"过劳死事件"的律师朋友们都曾直言:"过劳死的根源在于男性性别特征。"当然,近年来发生过劳死、过劳自杀惨剧的女性例子也不在少数(日本电通公司的女性员工、NHK女员工等相关死亡事件至今仍记忆犹新)。但是,男性"过劳死"仍旧始终处于一边倒的压倒性倾向。

最后,归根结底,想必他们是被"男子气概"的桎梏逼入死胡同了吧!纵然肉体上、精神上已经濒临绝境,但却绝不能说"好痛苦""不想干了";身负重担时,不能及时寻求他人的力量和帮助,而是一味地绞尽脑汁"靠自己",直至穷途末路……

身为男人,时常感受到自己作为家中顶梁柱负有照顾妻儿老小的责任,因此他们很难开口向他人倾诉或是说一些丧气的话语等。以上种种,恐怕对于很多男性而言都曾或多或少地感同身受过吧。

在刚才提到的律师朋友们处理过的"过劳死"的案子之中,因过劳自杀而死亡的男性上班族们大多未曾留下过任何可以证明自己"正遭受着怎样的烦恼""忍受着怎样的痛苦"之类的遗书或日记,仿佛他们也很难证明这一切的始作俑者是"过度劳累、心力交瘁"这一真相似的。他们一边被"痛苦"围追堵截,陷入濒临自杀的深渊,一边却连对身边最亲近的人都羞于启齿,所以只得独自隐忍,直至道尽途殚。这些不正是男子气概"极刚"的一面有朝一日产生反噬所酿下的悲剧吗？

　　一方面，促使这些人陷入悲剧色彩的上司及其企业本身也极有可能正在遭受着"男性权力之争"价值观的支配：将说丧气话的人、业绩低下的人视作"丧家犬"般对待，宣扬为了公司利益而牺牲自我的价值观，冠以"忠诚"之名对组织和团队施加超负荷的工作强度，倚仗职权玩弄他人于股掌之间……或许，这些加害现象的本质依然与"有害的男子气概"有着千丝万缕的关联。

　　另一方面，酒精依赖症患者中有九成是男性。过度饮酒不仅会给心理健康带来严重的损害，更甚者将酿成自杀惨剧。因为患者本身并不愿意承认自己存在饮酒方面的问题，所以"酒精依赖症"也被称为"否认之病"。关于这个话题，日本精神保健福祉士、社会福祉士齐藤章佳先生与男性学研究学者田中俊之先生（大正大学副教授）展开了密切对谈[①]。对谈中，田中先生指出："这种否认自身存在的问题以及所处的困境心理，本质上是一种被'男子气概'的教条所束缚和围困的表现。"

　　齐藤章佳先生也指出：明明可以把自己的无助和烦恼转化为"希望你能帮助我""希望你能明白我的真实想法"之类的外部语言，向周围的人寻求帮助。但因为清醒状态下碍于"男子气概"的束缚羞于启齿，所以有很多男人会借着酒劲儿，表现出像小孩

[①] 齐藤章佳，《随心所欲饮酒法——居家畅饮生活》，集英社，2020 年收录。

子一般的退缩和逃避，以期获取他人的关心和照顾。进一步讲，我认为男性对男性进行调侃，也是男性社会性中典型的糟粕部分。

对于早就被这样的男性权力之争阵营排除在外、将来也并不打算进入的我来说，有时候也会想："真的，倘若我们能够齐心协力抵制这种有害的男子气概的话，则还有什么比这个更让人开心和欣慰呢？"只不过，对于那些能从与"男性权力之争"一脉相连的、专属于男人的奖赏中得到好处的男人而言，"心甘情愿放弃序列化"本身或许就已经是比登天还难了。

毕竟谁都不喜欢感受到来自于同性阵营的异化和疏离感，以及被嘲笑的感觉吧！这确实需要一定的勇气。但是，如果我们不这样做的话，那么最终的结果将只会是一直矛盾下去，永无休止——即一边带着"不想被排斥"的念头，一边又不想看见深陷男性权力之争羁绊的男人们痛苦的模样，更不想成为施害者或被害者中的任何一方……

那么，我们不禁要思考，我们到底应该为此做些什么呢？

幼儿时期便已开始的"男孩的权力之争"

当我们头脑中形成了"有害的男子气概"和"男性权力之争"两个关键概念之后,我们就能比较清晰地辨别在男孩的教育上出现的各式各样的问题了。时任滩中学校、高等学校的片田孙老师通过儿童保育的实际工作,对低学龄儿童的游戏方式和言行模式进行了全面细致的观察和分析,并整理编汇成《男孩的权力》一书,该书是由在本书中与我展开对谈的星野俊树先生所推荐的。

在这本书中我们可以清晰发现,从小学三年级甚至是从保育园、幼儿园时期开始,男孩们之间便已经产生了"有害的男子气概"和"男性权力之争"的萌芽。

通过观察发现,在同个阵营当中男孩们相互竞争胜负,并构建起了序列关系。他们常常通过干扰女孩游戏等方式来巩固和深化作为男孩的身份优越性,不断确保男女之间的序列和地位不被打破。

在片田孙先生的观点和发现中更值得一提的是,对于这些男孩子们的行为,周围的大人们所持的态度——尊重儿童个性,支持儿童主体性的"儿童中心主义"。这类态度大概能够对来自教师们的"女孩行为规范""男孩行为规范"之类的刻板教条产生一定程度的抑制作用。

基本上来说，这是一种比较理想化的做法，但其中却暗藏着一些陷阱。那么，这究竟是什么样的陷阱呢？我想那便是——"儿童自身其实从幼儿时期就已经开始潜移默化地接触和学习男女性别相关的知识，并自发地构建起了基于性别差异的同伴关系。那么，当他们在进行这类性别化的游戏方式时，如果保育员不能对此及时干预，只是任由其发展的话，则有'反向强化'这些行为的倾向。因为儿童本身就存在着一定程度上的认知发展局限，所以他们总是容易倾向于表现得像大人们期望的那样"。也就是说，当孩子们向大人们传达内心的意志和想法时，这个意志或想法实际上却早就悄悄地被打上了社会某些固有的观念的烙印。而在大人们"尊重儿童主体性"的教育理念下，儿童内心所反映出来的"意志"则更容易进一步被大人们捕捉为儿童自身的主体意识，并最终因此产生错误行为被一再纵容和发展的可能性。

举个例子，"男孩阵营对女孩游戏进行干扰"的侵害行为，不仅源自于男孩阵营对女孩欠缺尊重和敬意的行为动机，而且在"关照到每一个学生"的儿童中心主义的保育工作中，保育员们也容易将男孩子们的顽皮行为看作"个体性的""某个孩子成长过程中的个体问题"，从而丧失对儿童关系搭建过程中已经存在的性别偏见或歧视问题的及时关注和干预。

片田孙先生在书中写道:"如果要认真地将'性别偏见'问题与孩子们的'人权和公共性'观点相融合进行思考的话,那么我们可以发现,教育者和保育者们在教育过程中只是一味简单地将孩子们当作'个体'恐怕是远远不够的。这是因为不管大人们希望还是不希望,孩子们的现实世界都正或多或少地被性别偏见的观念所影响,这也屡屡催生男孩与女孩之间的权利竞争关系。因此,一定程度上的介入教育是非常有必要的。"他指出:"为了端正孩子们的性别偏见价值观,周围的大人们应当积极地进行介入帮助。"

这乍看起来似乎是在肯定教师们的刻板教条行为,是"尊重儿童自主性"教育观念的倒退。然而,片田孙先生真实的意思并非如此,相反,他进一步提出了如何在"尊重儿童自主性"和不传导"否认人权和多样性"的价值观中取得平衡的深刻拷问。

我也很赞同这种问题意识。就算任由孩子们自主发展,不加干预,他们也仍将从社会媒体和周围的话语中接受"性别差异"意识的规范,并不断内化习得。例如"女孩子都很弱""男生更了不起""爱哭鬼一点都不像男孩子"等。

如果将这些东西简单地看成是孩子们的天性并任由其发展的话,也许孩子们更将坚定不移地相信这是"理所应当"的,并带着这种信仰长大成人;如果一味拖沓地任由孩子们"自由生长"

的话，想必降生在这个充满性别偏见（歧视）的社会中的孩子们将来也未必能够真正自由、幸福地成长。与其如此，大人们倒不如借助适当的帮助和干预方式，辩证性地对待笼罩在社会中的、某些固有的观念。因为，有选择性的有所学、有所不学，才能更加自如地生活在这人世间。而这，或许才是真正意义上的"尊重儿童主体性"。对于片田孙先生所著的这本书中的观点，我深表认可。

我想恰恰是那些适当、有效的干预方法才是陪伴在孩子们身边的家长和大人们最需要有意识地去学习和获取的。

通过这本书，我清晰地认识到自己迫切需要这种方法。

但至于具体应该怎么做，当下的我仍在不断反复地探索和实践。

带着"误解"长大的男孩们

生活中，我常能清楚地发现，像这样从小就带着"有害的男子气概"的印记并未得到过任何人的指正甚至连自己也一直蒙在鼓里，稀里糊涂长大成人的现实例子有很多。比如说，在我代理的离婚案件处理过程中就经常能看见那些以"她跟我顶嘴了"这样的理由对妻子大打出手、向妻子恶语相向，怒骂"是谁挣钱养你的？不服气就像我一样出去挣同样多的钱回来啊！"之类的男性。被顶嘴就抑制不住怒火中烧，这是典型的居高临下的姿态。仗着自己有些收入，就想让对方时刻铭记自己地位在对方之上，这实际上是一种"希望被人仰视"的心理需求。这种男性根本无法忍受妻子与自己平起平坐的对等关系，总是想方设法地试图巩固自己的地位。

当我在法庭上听见他们的主张时，便能够清晰地感知到："哎！又是这该死的'有害的男子气概'……"

在处理这些案件过程中，尽管我方出示了各种证据，周密地帮助女方拟了申诉书，极力主张"对方施加了严重的暴力行为""女方深受其害""不会改变离婚的主张"……但不管面对什么样的证据,那些男性当事者却大多能在公堂之上堂而皇之、面不改色地咬定"我并未实施过暴力行为。不可否认,我们在夫妻吵架过程中确实有过互相扭打的行为,但我那也是被妻子激恼了,实在没有办法才动的手。总之,不管怎么说,我一直都很爱我的妻子,希望她能回到我身边"等这样家暴施害方实在不在少数。尽管对面的妻子本人已然崩溃,一边浑身战栗,一边声嘶力竭地哭喊道:"我丈夫这个人真的太可怕了!所以拜托法官!拜托请让我们离婚!"……总之整个现场驴唇不对马嘴,怪诞至极!

此外,我在查看近年接连不断发生的重大性别歧视事件、性暴力事件的相关报道时,也能频繁感受到事件背后浓郁的"有害的男子气概"的色彩。比如最近热门话题中有一则是这样的:2017 年日本知名记者、制片人伊藤诗织实名控告其本人曾遭受过安倍首相的好友兼御用记者山口敬之的性暴力;在 2018 年期间,媒体亦曾频繁曝出时任日本财务省事务次官福田淳一对电视台女记者实施性骚扰的事件,以及 *Days Japan*① 杂志原主编、摄影记者广河隆一被曝曾对数名女性实施性骚扰、性暴力行为……

在上述任何一则事件里,所有的施害男性不仅未曾透露出一丝悔意,反而均以"自己也是受害者"为由反咬一口。

---

① 日本摄影月刊。

更甚者，2018年更是曾经曝出了"在数所大学的医学部入学考试中，女性应试者因性别原因遭受扣分"的不平等待遇事件，堪称史上最露骨、最明目张胆的性别歧视行为。但即便如此，网络上依然出现了"很多女性都会因为结婚、生产而辞去工作啊，所以扣分也是合情合理的"等大量拥护性意见。

因此，当我思考如何才能阻止更多的个人或团体组织进一步习得这些性别偏见（歧视）的言论、行为时，会深刻感知到——若想光靠孩子们成人以后的教育来抑制这种不良态势则未免过于杯水车薪、为时过晚！当然，针对"杜绝性骚扰"这一课题，当下很多企业和政府机关单位等组织都已严格制定了一系列培训和学习计划，而且明确规定有性别歧视言行的人将在人事评价上被处以一定的负面评价，无法担任要职……这些都是极其重要且意义深远的举措。

但同时，我仍对人们是否能够从根本意义上理解"为什么这些行为、言论不被允许"，以及"这种根本性的认知是否能真正意义上渗透到人们内心深处"等问题持一定的怀疑态度。实际上，这是一项异常耗时耗力且充满挑战的工程。所以，既然如此，那我们为何不在孩子们尽可能年轻——甚至是在孩子们幼稚懵懂的时候，就坚持在"摒除性别歧视价值观"的教育上倾注更多的努力，种下正向的种子，从而从根源上避免他们日后形成"性别歧视"的错误价值观呢？

我不希望儿子们在不久的将来作为一个"男人"的身份生活在这个社会时，对伴侣或周围的女性实施性别偏见的言行，进而无意识中伤害或压迫到对方（也正因为如此，那些故意蔑视欺凌女性，甚至演变成性骚扰、性暴力、家暴的加害者等情况自然更不在我的容许和讨论范围内），而且我也绝不想眼睁睁看他们慢慢变成依赖酒精、赌博，从而伤害自己或他人的有害男性。

为此我深刻感受到，相关且必要的教育恐怕远远在"青春发育期"到来之前就应当开始实施，甚至要在孩子们懵懵懂懂的幼儿成长过程中就着手狠抓，总之越早开展越好——因为孩子们的成长速度实在实在是太快了！

情人节之"罪"

"情人节"最早发源于基督教教圈。起初，在欧美人的普遍意识里，这一天是给恋人或者生命中重要的人赠予礼物，而非仅限于"男性对女性"或"传达恋爱情感"的日子。我想这一点是人尽皆知的事实。

这一习惯在刚传入日本时（具体是哪个时期众说纷纭），起初是因为当时的西式糖果制造商策划了一场"女性向心仪的男性赠送巧克力"的活动，直到后来这一节日习惯慢慢得以流传，沿袭至今。

虽然最近也慢慢出现了女性友人之间互赠的"友情巧克力"和单纯买给自己吃的"自食巧克力"，并且普罗大众对此已日渐习以为常。但说到赠送巧克力之行为，"女性满怀爱意地送给男性"这一印象标签仍然是最揭之不去的。

在我上中学的时候，我们班就曾经组织过瞒着男生的"全体女生偷偷为班上全体男生制作情人节甜点"的活动。或许是因为我们学校是"海外的日本人学校"，日本同学较少这一特殊原因才促使我们做这个活动的，但当时确实是我们一众女生齐聚在一起，怀着无比激动和兴奋的心情制作完成的。

好不容易到情人节当天下午，当我们得意扬扬地取出甜点，开心地拿到男生们眼前，说"当啷，这是给全体男生做的点心啊"并开始配发时，不知为何，男生们竟齐刷刷一副惊讶迷惑的表情，而陆陆续续地拒绝接受巧克力。女生们对此感到既意外又生气。虽然已经记不太清楚当时的具体细节了，但仍能清晰记得这件事最终成为了班级里很长时间的热议话题。

后来我们才得知，我们班的男生们原来早就私下结下了"情人节不收受任何女生的巧克力"的约定。但他们根本没想到竟会发生"女生送全体男生巧克力"这样意料之外的事情。这样一来，他们不仅要为"到底要不要接受"感到为难不已，而且在"好不容易为你们做的"的女生们愤怒之前就已经被罪恶感笼罩了。

如此弄巧成拙的事情至今想起来仍让人忍俊不禁，如今还经常在同学会上被拿来调侃说道一番。但在当时，我确实非常认真地一边想"男生们可能从来没意识到'情人节'对于男生来说是检验自己受欢迎程度最明显、最直观的日子……哎！真是一个残酷的节日啊……"一边感叹道："如果是我，我一定会觉得很抗拒，很讨厌这个节日吧……"

换位感受一下那些悲观地预测"自己大概收不到巧克力……"而私下约定"还是统一不收巧克力比较好"的男生们的心情，至今想起来仍觉得十分残酷和心酸。

　　我觉得在"不受欢迎"的情况下，仅凭"这种小事不用放在心上"轻率的话语所无法诠释和抚平的东西，那也正是需要我们小心翼翼直面的。

被"不受欢迎"的烦恼困扰之前

"青春期"是一个逐渐将自己相对化、开始客观地看待事物的过程。在这种相对客观化的另一面，青春期的男女逐渐开始关心在意"他人如何看待自己"，对自己"是否受欢迎"也变得十分敏感。

象牙塔里受欢迎的男女几乎只集中在某些特定的层面中，但当孩子们长大进入社会后，喜好的天平便会更多地倾向于与自己志趣相投的人身上。也就是说，并非只有"受欢迎的人"才能觅得恋人。因为这也是我自己在成长过程中逐渐如醍醐灌顶般明白的道理，因此，在这我想专门写些内容给那些高中生。

读者作家 Artesia[①] 曾在面向被恋爱困扰的女性提出的建议中写道："比起受欢迎，更重要的是——'相互契合'。"

然而，对于容易局限于关注"是否受欢迎"的初高中生来说，这种"比受欢迎更重要的是相互契合"的观念难道不应该由大人

[①] Artesia：阿尔蒂西亚，日本神户作家，出版过《第 59 次求婚》，并被英国 *TIME* 等媒体报道。《晚熟女孩的恋爱基础讲座》，幻冬舍，2016 年出版。

们有意识地传达、引导孩子们吗？

在我儿子念的公立小学里，学校是不允许学生携带情人节甜点来的。但即便如此，还是会有一些男生收到大量的巧克力。在这件事情上让我颇感在意的是：不知是不是逐渐步入适龄敏感阶段的缘故，当时正值小学五年级的长子在情人节之际曾说过这样一段话：

"听说同班同学健太（化名）会收到很多巧克力呢！我很奇怪，学校明明是禁止携带巧克力的，她们是怎么带进来的？后来才知道有些女生会偷偷从家拿到学校里来，或者偷偷藏进口袋带过来。

"我没收到巧克力，不过也不是很在乎……"

也许是年龄尚小，还不明就里的缘故，他当时没有面露一丝难为情之意，很平静地说给了我们听。但我想既然如此，不如趁机会有意识地展开引导沟通，于是便语重心长地说道："真好，健太肯定是个非常不错的男生吧！""不过，虽然说'受欢迎'肯定是因为这个人身上具备一定的优点，并被相对较多的人看见和发现，但妈妈认为人的长处是分很多种的，而你们这些小孩子却总是倾向于将目光集中到那些容易被人发现的长处上。比如说体育运动时身手敏捷、擅长踢足球、说话有趣等等，对不对？但是呢，每个人身上同时还会有一些无法立即被察觉但是却极其珍贵的长处，而这些长处总有一天会被某个人看见和欣赏，所以说，虽然有些人也许会因为具备容易被人发现的优势而拥有大量的追捧和欢迎，但是默默地坚守自己潜在的长处，有朝一日被真正欣赏和懂得你的人所喜爱，即便可能只是少数，但我想也一定是一件极其幸福快乐的事情呢！""所以'受欢迎'和'不受欢迎'在妈妈看来并不是最重要的。可能当你长大后的某一天也会对此有些在意，但事实上，幸福人生的构成要素远不在于此。"

不知道这番道理能被儿子吸收多少，不过长子听完之后便漫不经心地对我说："嗯，我才不在乎呢！"话音刚落这小子转而又说，"比起巧克力，情人节我更想吃烤肉。"所以那年情人节我们一家人相约去吃了烤肉，儿子们开心地吃了很多爱吃的牛肋扇、牛舌以及蔬菜沙拉……

"非自愿禁欲主义者"们的暴力行为

之所以写关于情人节的话题,是因为我最近开始关注到有些男性群体的内心始终会被"不被女生欢迎"的自卑感所纠缠和困扰,从而对女性采取极端的言行。

或许很多人会认为"不受欢迎"并不是什么大不了的事情,况且大多数的现实情况不也实际如此吗?但实际上,近年来一些由"不被欢迎"的自卑感所困扰甚至误入歧途的男性主导的暴力事件在美国、加拿大等国家却异常严峻。所以,如果我们明白了其中隐含的严峻问题,我们自然会知晓"被不受欢迎的烦恼所困扰"根本不是一件无足轻重的小事。

这种男性被称为"incel=involuntarycelibate",直译过来是"非自愿的禁欲主义者[①]"。简而言之,该词语是用来形容那些"违背自己意愿的、被迫无法拥有女性性伴侣的男性"。这些非自愿禁欲主义男性认为正是因为女性瞧不起自己才导致自己无法找到恋

[①] 非自愿的禁欲主义者:网络上一些亚文化人群的自我描述语,多指男性,他们认为自己一直无法恋爱亦无性伴侣。

人，所以他们的内心始终充斥着对女性挥之不去的仇恨感，这样的矛盾无法消解并不断激化，最终演变成了如下一系列针对女性的暴力凶杀事件：

2014年5月，美国加利福尼亚州发生一起埃利奥特·罗杰大量杀人事件。凶手留下了一篇长达137页，名为《扭曲世界——埃利奥特·罗杰的故事》的声明文（网络上可查），以及一篇题为《埃利奥特·罗杰的复仇》的短视频。

视频中，他自述道："女人们看不起我，所以总是拒绝我，但她们却和别的男性发生性关系。而我呢？却为此从来没有过性经历！这些痛苦和落差全是拜那些傲慢自大的女人所赐！此外，那些比我过着更快乐的人生、正拥有着性爱愉悦的男人们，我恨你们！我恨你们所有人，现在我将给你们最痛苦的惩罚。"他在视频中自述了其对女性以及那些被女性喜欢着的男人们的仇恨和报复心理。

2015年10月，在美国俄勒冈州的一所社区学院里，一名26岁学生枪杀九人后自杀，凶手曾提及埃利奥特·罗杰事件。

2017年12月，美国新墨西哥州某高校里，一名21岁男性杀害两人后自杀。凶手在学校公示栏上写下了埃利奥特·罗杰的名字。

2018年2月，美国佛罗里达州的一所高校里，一名19岁的男性持军用型突击步枪进入校园后，持枪疯狂扫射致使17人死亡。犯罪嫌疑人曾在网络上称颂埃利奥特·罗杰……

2020年2月，加拿大多伦多一名17岁男孩持刀进入当地一家按摩院，残忍刺伤多名女性[1]。

据悉，在最后的这起多伦多事件中，加拿大当局最终以"恐怖袭击罪"而非"杀人罪"的罪名对罪犯提出了控告。也许是因为该事件已然揭示了其"对女性群体的仇恨"以及"只要是女性，不论是谁，一律无差别杀害"的主观恶性动机，所以本质上的确称得上是"对女性群体的恐袭"。既然由"对人种的仇恨"引发的犯罪行为可以定义为"仇恨罪犯"（hatecrime），那么，这种"对非个体人格的、以性别（女性）属性为目标"的犯罪行为在一定层面上也同样意味着这些人的内心深处暗藏着对女性的仇恨犯罪动机。

"非自愿禁欲主义者"的思维特征是：自己原本具备拥有同女性性爱的权利，但因为女性拒绝了自己，导致自己无法获得性爱，所以憎恨那些拒绝自己的女性，并继而产生了"正当权利被非法剥夺"的思维环路。

以女性为目标的杀人事件并不局限于欧美国家。2016年5月，在位于韩国首尔一处名为"江南站"的繁华街区附近的一家

---

[1] 八田真行，《恶性犯罪频发！正腐蚀着美国社会的"不受欢迎过激化"问题》，笔者通过参考《现代商业》（2018年7月1日）、《性不满背景下的恐袭，加拿大首次对17岁少年发起指控》（*BBC NEWS JAPAN*，2020年5月20日）等多篇相关英文报道记录、整理而成。

歌舞厅中就曾经发生过一起随机刺杀女性的惨案。值得一提的是，在这起事件中该名30多岁的男性凶手与被害女性此前素未谋面。

案发当天，他事先潜入男女共用的公共卫生间，待先行进入的六名男性离开后持刀将一名偶然进入卫生间的女性残忍杀害。据报道，犯人在供述自己的杀人动机时曾说道："女人都瞧不起我，我恨女人。"

据悉，这起事件后来逐渐被民众定义为是一起因对韩国女性的"厌女主义"而起的杀人事件，引发了社会大众激烈的舆论争议。该事件最终逐步传播升级，扩大了韩国的"METOO运动[①]"规模。

那么这些仇女凶杀事件是否与日本毫无关系呢？我并不这么认为。

2008年秋叶原曾发生过一起无差别杀人事件。死刑犯加藤智大在事发当天曾在网上写道："我没有女朋友。但仅凭这一点就几乎葬送了我的一生。但凡有个女朋友的话，我就不至于活得这么悲惨！"很明显能感受到其"非自愿禁欲主义者"的思维模式。

此外，近些年来，针对女性的"网络在线骚扰"也成为了不容忽视的问题。仔细审视这些带有攻击性的典型案例，我们均能

[①] METOO运动：起源于美国。某女星曾在社交媒体上发文、附话题标签，呼吁所有曾经遭受过侵犯或性骚扰的女性挺身而出、勇敢揭发，以及使用"我也是（受害者）"这个口号回复该条推文。

感受到其中夹杂着大量对"非自愿禁欲主义者"甚为不满的男性。因为从这些人的言行细节中能品读到"当下的不如意，都是女人的错"这样的意味。因此，我们有理由认为，这些都与"男性性别特征"的枷锁有着很深的渊源。

　　安定的职业和两性关系能够促进人们进一步构建"幸福的家庭"，某种程度来讲，在经济高速增长的时代下任何一个普通的男性都能够轻松获取内心所期望的成功模样，在低速增长的时代里却成为了某种稀缺的资源，于是便自然而然会产生优胜劣汰，筛掉一些被淘汰的男性。这些未能以"优胜者"姿态站在"男性金字塔"塔尖较量的男性们便将内心的挫败感转移到虚拟的网络世界，用一些类似"弱势男""不受待见"的网络隐语下不断进行自虐式的自我扭曲。当然，并非有着这种自虐式自我歪曲的男性全都会对女性展现出攻击性恶意。然而一旦他们将这种"身为男人太痛苦了"的委屈和不满对标到"正因为女性被优待，所以夺走了本属于自己的资源"时，他们则毋庸置疑地将对社会产生或深或浅的伤害。

　　真正使他们痛苦的并不是女性，而是在性别偏见的社会观念下纷至沓来的压力使得他们的内心被"有害的男子气概"意念所束缚和扭曲。这一点在现实生活中时常可见。我想，倘若我们都能够保持辩证清醒的头脑，不将生活的艰辛迁怒为"对女性的责难"，而是认真审视问题背后真正的原因，努力从"有害的男子气概"中挣脱出来,那么从此刻起,将有大量男性得到救赎,不是吗?

这似乎也是一句网络隐语——"厌女型贪恋女体"。该词语呈现的是一方面内心有着很强的"轻视女性"的意识,一方面又对"与女性产生性关系"持有执念的男性的心理状态。

2017年到2018年间,专门指导学员如何搭讪的"实战搭讪学院"相关关系人因数次参与传播"如何灌醉女性并施以强奸"等性犯罪事件东窗事发,致使多名学生和学院负责人服罪判刑。

自称院长的40岁被告人以"指导搭讪技巧、受欢迎技巧"为幌子吸纳了很多20岁上下的学生群体。表面上是指导年轻人怎么才能更受女性欢迎,但私底下他们却是以"对女性的惩罚游戏"为名实施犯罪行为。

而他们之间所谓的"搭讪指南""受欢迎指南"并非是一个相互交流和学习如何与女性构建良好关系的过程。相反,它是一个互相传授"如何在无视女性的真实意愿下与其发生多次性关系"的无耻勾当。也就是说,此时女方真实的意志以及同意与否已经被完全无视了。

他们并没有思考如何才能在与女性建立良好的沟通及两性关系的基础上自然而然地获取正当性关系,而是挖空心思琢磨怎样才能通过将女性灌醉,使其丧失自主意识从而肆意地将女性的身体视同玩物,以及怎样才能取得更高的得手率,以便当作最终得分和炫耀的资本在男人们之间相互攀比。可以说，在这波操作中，我们看不到任何通过良性恋爱过程中最重要的——沟通，来构建彼此信任关系的过程。那么他们到底为什么会将这与"受欢迎"混同一谈呢？

对此，以该事件为取材的撰稿人小川珠华女士在文章中对这些学生的心理做了如下剖析："他们的动机并非只是单纯地为了满足性欲，更多的是迫于身处以院长为权威中心且被日益同化的团体之中'如果与大家背道而驰则会被群体排斥'的不安和压力感，所以导致他们即便对犯罪行为心存顾虑和忌惮，但权衡之下仍只能选择屈从和迎合之事实[①]……"书中还写道，"而院长则一边自称'很喜欢女性'，一边又反复提及对女性的不信任和轻蔑。"

话说回来，这种通过相互攀比强迫女性与自己发生性关系的"次数多寡"来相互评判对方或称赞对方，既能隐约意识到自己正在犯罪的边缘疯狂试探，但又因为共犯关系无法从团体中脱离出来的、用操纵女性身体的手段来巩固或提高自己在"男性权力之争"的团体中的地位的行为真让人不寒而栗。

这件事可能只是一个极端特例，但却是"有害的男子气概"发展到极端畸形的真实写照。"想跟女性发生性关系却不想与之取得充分的沟通。"这种行为让人感受不到一丝对女性的尊重，

[①] 小川珠华，《从"实战搭讪学院世界的审判"中窥见不可思议的犯罪行为全貌》，《现代商业》，2019年2月15日。

扑面而来的全是男性的"自我操控欲"。

我认为正是这种"略去沟通"的做法才是连锁反应般诱发"有害男子气概"的关键性问题。

如果这个观点能够成立的话，那么反过来说，在日常生活中的各种情境下致力于培养男孩子们"应当养成与女性进行礼貌的、走心的沟通意识"的行为本身也将会成为防止男孩子们掉进"有害的男子气概"陷阱的行之有效的刻意练习。

我希望能够让男孩子们从深层意识上真正地理解并认可——相较于"受欢迎"而言，真正地尊重对方、站在平等的两性关系上积极获取正向的沟通才是最重要的。

致未来的男孩们

不对等的性别关系

前不久一本名为《精致美人百科大全》的面向小学女生的时尚指南书在推特上引发了热议。

起初，我认为书本的初衷是通过介绍许多穿衣打扮的技巧来帮助适龄成年女性提升自己，其内容和用意本身应该是令人喜闻乐见的。不过越往下读却越能发现到处是"和男友约会，泪沟妆是关键""最惹男生喜欢的女生类型Top5""完美决胜！魅力仪态12连发"之类的内容。

书中通篇贯穿着"女生打扮是为了取悦男生"的价值观。更极端的是，书中还提到"想要获得男生的欢迎，会说可人的话语是关键""男人喜欢被夸赞"，以及教导女生如何使用"赞美"的套句来取悦男生的解说性内容。"赞美"套句[①]即分别指"不愧是……""第一次听说呢！""好厉害！""真有品位！""原来如此啊！"五个短句。文中还特意嘱咐道："切记要发自内心真诚地夸赞对方呀！"

---

① 各赞美短句的原版文字首字母分别为日文假名さ、し、す、せ、そ。

顺便说明一下，这种赞美短句是从成人世界里的交际套句中借鉴而来的说法。这对于明白此中含义、对自身行为自愿自知的大人们来说暂且无可厚非。可是诱导小学生错将"对男生的恭维和奉承"当作受欢迎指南，宣导不正价值观致使不谙世事的小学生误入歧途则是无论如何都叫人无法原谅的。因此，推特上很快涌现了铺天盖地的批判声。

参与本书交流对话的清田隆之先生对此一语道破："男性为什么一旦被夸就会感到心情愉悦呢？[①]这个才是问题的根本。与其说'男人喜欢被赞美'，不如说对于某些男人而言'没被他人赞美就会不高兴'这种说法才更为贴切。而这不恰恰是男性本身'缺乏自尊、自信'的表现吗？"

诚然，试图通过他人的赞美来填补自己没由来的不安者，女性亦常有之，而且，其实彼此之间偶尔相互慰藉和认可本是无伤大雅的。之所以无伤大雅，是因为大人们从一开始就明白"自己的情绪应该自己掌控"。既然如此，那我希望大人们也能够将这种"情绪由自己掌控"的价值观传导给孩子们，让他们同样获得自尊、自信的能力。

而那些为了成全男人的体面而选择自我牺牲，把自己打磨成所谓"贤良的女人"的言论，则相当程度上也为"男人喜欢通过

[①] 清田隆之，《蛊惑小学女生的"受欢迎技巧"——男人为何热衷交际套句呢？》，2020年5月16日。

女人来取悦自己"的风气起了推波助澜的作用。

　　基于上述原因，社会上便形成了男性们半推半就、根本不练习如何获得自尊自信的能力（因此更无从谈得上"擅长"）的怪相，不仅如此，更是进一步造就了更多认为"女性对于如何取悦男性深谙其道""这是理所应当"的男性。我认为这也是最终导致男性的幼稚和无知被无限纵容的糟粕性文化。

　　此外，近年被大家所熟知的"男式说教①"也是一种男性通过对女性采取高高在上的教育姿态，通过轻视女性来愉悦自己的现象。

　　当然，女性中也常有认为"成全男人的女人才更略胜一筹"，以及对"称赞男人使男人开心"持肯定态度的现实例子。然而，总是将这种"消除不快、照顾另一半"的任务固化在女性一侧，则显然算不上是"对等的两性关系"。

　　在当下这种"性别偏见观念"根深蒂固的现实社会里，其中一定有着某些能够使女性游刃有余地处理两性关系的处世哲学，所以因为这些就去非难女性确实难免有些过于苛刻。只不过，我也呼吁女性能够正视这其中的"不对等的性别关系"之本质。至少我们应该都不希望将这些"不平等"观念传递给下一代，对吧？

---

① 男式说教：即"Mansplain"（Things to woman）。一方面是指某些男性爱炫耀自身的知识，好为人师；另一方面是指他们认为女性见识短，故而采取居高临下的、专横的大男子主义式的说教。

所以，当类似《精致美人百科大全》这样的言论和价值观出现在孩子们身边时，不管是女孩还是男孩，我们都应当提醒他们注意保持警惕。

想对女孩说的话

前篇已经写过"笼罩在男孩身上的枷锁",那么接下来亦愿尽我个人所做的思考,进一步阐述女孩身上的枷锁要如何破解。

我本人既没有女儿,也没有侄女,素来很少与女孩之间有直接接触交流的机会。不过,我想如果我有女儿的话,我一定会从女儿很年幼的时期就开始告诉她关于男女的性别构造所带来的性别差异。因为我认为通过这样的方式,女儿将能够对因"社会结构"而起的强迫性的、被歧视偏见化对待的言论和行为具备敏锐的觉察和思辨能力。首先,因为我自身也曾多次遭受过侵扰,所以如果我有女儿,我想我首先一定会从她很小的时候就告诉她"女性容易遭受性侵害"的客观事实(虽然,在本该培养孩子们对社会产生"亲社会性"和信任感的时期里不得不传达这类信息实在让人痛心),我也会尽可能地教导她如何才能最大限度地避免遭受伤害,此外还将反复提醒她使她认识到"即便不幸遭受了伤害,也绝非是你的错,而是加害者的错"。

与男孩相比,我认为女孩子们总是容易被教导"要避免冲突,要温柔、要多微笑",所以女孩子们即便本身有着自己的个性,但在遭遇反感的事情时,也大多不会立即怒斥道:"你干什么!"正因为如此,这种缺乏斗争和反抗的意识才会不自觉地悄然升级,并最终逐步发展成为女性被家暴的潜在导火索,使得很多女性深受其害。

所以,不管对方是同性也好异性也罢,又或者,在面对喜欢的人时,即便再喜欢对方,只要是对方做了伤害她的事,我都希望自己能够给她最强有力的支持和包容,让她能够勇敢地说"不"。

其次,我希望告诉她:"你不必屈服于性别偏见观念所带来的压力,因为我们大人会尽可能竭尽全力地保护你。所以,如果在未来的某一天你也能够成为携手抗争的一分子,我将感到无比欣慰……"

回想起自己的十几岁,真是一个内心矛盾重重的年纪。当时内心非常渴望自己也能被男孩子们喜欢,但又深知自己不是世俗大众所认可的"受欢迎"的类型,于是经常会尝试着去迎合、模仿那些"受男生欢迎"的女生的样子。然而,不管我怎么努力,即使表面上看起来仿佛已经驾轻就熟了,但我内心的矛盾却始终无法平息。而反过来,倘若自己模仿得如同东施效颦般,内心依然会免不了感到失落和挫败……

我的内心始终在这样的反复摇摆中游离。

如今当我看见女性杂志上频频出现的"惹人喜爱的妆容"和"受欢迎能力"等字眼时，不免会想起那个时候的自己，顿时五味杂陈之感喷涌而出。我觉得我自己也曾是深陷于"女孩的枷锁"，在困苦和挣扎中慢慢成长大的。虽然如今早已从那个枷锁中自省自知，看似已经觅得了平衡和解之道，但即便如此，也不敢夸下海口说自己能够从中全身而退。

所以，如果我有女儿，我想我一定会反复告诫她："停止你那些取悦男人的愚蠢行为！"因为这也是我本人的前车之鉴，这些行为都将成为女人不幸和痛苦生活的开端。

然后我可能会让她看看艾玛·沃森①于 2014 年在联合国发表的演讲：

"如果男性不再需要通过争强好胜来获得所谓的'男子汉'的认可，那么女性也就无需再被强加逆来顺受；如果男性无需掌控一切，那么女性也将不必再被掌控。不管男性还是女性都应当拥有或纤细脆弱、或坚定强大的自由……是时候用更包容的视野而非两个极端的对立面，来重新审视'性别'了②。"

我希望能够通过这样的方法充分地为她创造机会，让她明白

---

① 艾玛·沃森（Emma Watson，1990—）：生于法国巴黎，英国女演员，曾主演《哈利·波特》系列电影；女权主义倡导者、联合国妇女署亲善大使。
② 山光瑛美，《艾玛·沃森联合国演讲——为何"女权主义"成为了令人不快的词汇？》，《热门新闻》，2017 年 10 月 6 日。

在这个世界上存在着很多拥有开阔视野、按照自己的想法而活、勇敢且自由的女性。

对谈清田隆之先生（桃山商事代表）
——男性为什么会这样？

清田隆之（Kiyota Takayuki）：生于1980年，大学期间开始组织"恋爱漫谈"活动，并以"桃山商事"命名，开设专门收录《恋爱漫谈》的栏目，该栏目目前为止已帮助1200多人完成烦恼咨询，且长期在杂志、网络媒体以及广播电台上进行发表；在《朝日新闻》周六版商业娱乐模块担任《烦恼漩涡》的答疑嘉宾；著有《明明是好意》（晶文社）、《再见，我们》（立式图书）等多部书籍。

太田：清田先生通过组建恋爱话题专栏组织过各种各样的恋爱闲谈活动，并以此为素材写下了《明明是好意——男人们的"失败学"入门》等书籍。我有幸拜读过，内容非常有趣。您曾经在书中写道："在组织和倾听女性恋爱漫谈的过程中，节目里逐渐冒出了一些'性别平等'的话题。回首自己过往的行为，经常不禁要替自己捏一把冷汗。"您也曾经透露自己并不是因为从大学以来就一直对性别平等有所研究，也不是想让自己刻意研究，而是在对恋爱漫谈产生兴趣并逐渐收录的过程中才逐渐自然而然地意识到自己也是被男性性别属性所牵制的当局者。所以，我觉得比较好奇，想请教清田先生，这中间是怎样的一个心路历程呢？

清田：感谢，请多多指教。

在男子学校的价值观下茁壮成长的初高中时代

清田：大学时期开始，我和几名男性友人机缘巧合之下创办了一项以"女子恋爱闲谈"为主题的活动，并在后面正式取名为"恋爱漫谈栏目——桃山商事"。

念大学之前，我所在的初高中学校都是清一色的男子学校，所以我几乎和女性没有过什么交集，顶多就是在小学时代偶尔会和同班女生上下学的程度而已。也就是说我在学校里接触的都是男生，至于学校所在的当地足球俱乐部等则更是如此，无一例外都是男性。所以，可以说我几乎整个青春时代都是在这样的环境熏陶之下成长起来的。

太田：我想进一步听您聊聊在这样的环境下成长起来的当初的那个您，以及当下已经拥有"男女性别平等"视角的您，是如何审视过去接受到的教育方式的。

清田：回忆学生时代，我记得当我们还在上小学的时候就发现班里绝大部分女生都非常聪明，因此她们几乎被我们男生视为竞争对手。但，即便我们再努力追赶，她们仍旧让我们这些男生望尘莫及的，哪怕是在男生看来理所当然会比女生拿手的学习和运动方面，不知为何，女生们竟然也很厉害！可以说那个时候真的有过非常强烈的、被压倒性的败北之感。

此外，我家从我很小的时候开始就一直在某商业街经营着一家电器商店，并在日本泡沫经济时代下挣到了一些钱。我母亲曾经想把我送进"和尚学校①"上学，所以让我参加了中学入学考试。但是我没能考上第一志愿"立教中学"，于是只好进入"日大丰山"这所初高中连读的学校。我认为这是对我个人而言的另一次挫败体验——我让父母失望了。

太田：对于孩子而言，也许这确实是一种沉甸甸的亏欠呀……

清田：上了中学以后，我的身高开始不断被身边的同龄人超越。然后开始在足球场上退居下风，而学习成绩则更是一直在及格线上苦苦挣扎。在这个过程中，小学生时代以来的那种盲目的自信便开始一点一点地崩塌。

"男性学"研究者田中俊之先生曾说过这样一句话："男性总是试图用'成就感'或者'与众不同'来证明自己的存在。"我本人就是如此。因为知道自己在通过成绩和足球获得"成就感"

---

① 和尚学校：日本一种深受佛教理念影响的学校。这类学校在常规的教学内容基础上还加设了一些佛教的关联内容，比如诵经、坐禅、举行佛教文化的式典和演讲会等。不一定非要入教，只是融入了佛和禅的教学理念。

的征途上希望渺茫，所以就将"竞争"的重心转移到了"与众不同"上。于是大约从高一开始，我就开始决定走"做个有趣的人"的路线。果真是名副其实的男子学校！

太田：不管三七二十一，果然是个简单易上手的标新立异的方法呀！

清田：比如说在课堂上绞尽脑汁地琢磨如何在不被老师发现的情况下冒死偷看小说……虽然现在看起来可能有些傻，但当时身边的同学却都觉得这很有趣，还经常被他们称赞："竟敢在魔鬼教师的课上看，可真有你的！"

太田：可能这就是那个年纪所能理解的"有趣"的标准吧！

清田：逐渐从中尝到甜头的我随后逐渐开始做出其他荒唐的行为。（笑）回头想想，真为自己的所作所为感到不可思议，并发自内心的觉得"拿自己傻傻的行为认为是耍酷，真是差劲到家了"……所以我想，所谓的"男性社会性"在某种程度上的的确确称得上是一种非常"男人"的呈现形式。

从"在考试中受挫"到"恋爱漫谈的收集"

清田： 可是，上高中以后我逐渐开始被邀请参加各种联谊会，也逐渐交到了不少有女朋友的男性友人。在"恋爱"的价值感不断被拔高的过程中，我的内心逐渐产生了"也许自己并不受女孩子欢迎"的自我怀疑和不认同感。看着身边那些在男子学校的价值观念下完全不如自己的、完全跟"有趣"扯不上半点关系的友人们在女生群体中各种吃得开，我突然意识到"有趣"和"受欢迎"这两个东西的评判标准实际上是完全不同的。比如说，或许"个子高""唱歌好听"等才更能招女孩子们喜欢……

太田： 也就是说，突然发现昔日男子学校里的那套价值观念在谈恋爱的时候已经行不通了……

清田： 是的。所以……足球方面也是半吊子，根本达不到专业正规水平，也不爱学习，成绩很烂——当时的我感觉四处碰壁，那么后来我就想到我要改变战术，寄希望于在接下来的考试中一鸣惊人。因为我们学校是日本大学的附属学校，所以那儿的学生几乎都能直接内部升学。为了让人觉得"我跟其他的那些家伙不一样",于是我决定斗胆放弃内部升学,转而接受外部考试。当其他朋友纷纷在秋季完成了大学保送考试忙于沉浸在拿到入学许可、参加各式各样联谊活动的快乐中时,只有我一个人还在无比凄惨地上着补习冲刺班。虽然中间也尝试考过几所大学,但都全军覆没了——我最终落榜失学了。

在父母眼中,照他们预设的局势来看明明是可以通过上私立的内部连读学校顺利实现升学的,没承想如今居然选择放弃,并且失学!简直就是一个光投入、不产出的赔本货。再后来,迫于压力,我只好因为"大学会有助学金"这个理由被迫低下了头,并在随后的一年时光里像是热锅上的蚂蚁似的拼了命地学习。万幸,最终成功考入了心仪已久的早稻田大学的文学部。

然而,进入大学以后我又迎来了新的考验——学校里全是女生!除了文学部还有法语班等等,其中女生就占了七八成之多。突然进入到这样环境里,着实让我心生恐惧……

太田: 极端迥异的环境……

清田: 因为过往和女生之间的接触少到只能在联谊会上打打照面的程度,所以进入大学之后我发现自己根本无法跟班上的女生进行同学之间正常且自然的交流……面对女生,我的脑子时常一片混乱。更可怕的是,因为我实在很不习惯邻桌坐的是女生,所以当时常常紧张到汗流浃背,脑子里也经常被一些奇奇怪怪的臆想占据,比如自己刚刚好像发出了什么奇怪的声音,或者,我身上是不是有什么奇怪的味道啊,女生一定觉得我很倒胃口吧,等等。反正,内心一直很恐惧。

太田:学生时代嘛,可能难免还处在天真烂漫、不谙世事的年纪,比较青涩懵懂我倒也觉得可以理解。不过,是什么促使那个时候的您决定去做"恋爱漫谈"活动呢?

清田:我们学校当时有一个法语班,日积月累地,我就和法语班上的女生们之间逐渐熟络了起来。所以,在大量的一起吃午餐等闲暇时间里,我们便自然而然地谈起了恋爱话题。

太田:原来如此。不过……抱歉,可能我这样说会显得有些不礼貌,也许在女生们看来是不是觉得"虽然他不是自己谈恋爱的心仪对象,但正因为如此,才更能放心从容地畅所欲言"?

清田:我感觉确实是这样的。她们还亲切地给我取了个"清风①"的外号,貌似还经过了她们眼中一致的"无公害"男子认定,所以……总感觉不好好珍惜她们给我的这个角色就太对不起她们啦(笑)……这样一来,慢慢地她们就开始找我做"近况报告"以及"想听听男士的意见"等恋爱咨询。不过,因为我自己本身对于恋爱方面经验很少,所以我就开始找一些中学、补习班的男同学当救兵,拉上他们一块给女生们出谋划策。也许是因为这种方式很新奇,后来竟逐渐口口相传在学生圈子里形成了一

---

① 清风:属于"清田风"的音变,音变后正好是"清风",用来概括此人性格爽朗,相处起来令人如沐春风、没有攻击感。

定的影响力，以至于朋友的朋友，特别是邻校的女子大学生，都纷纷跑来找我们。（笑）感觉就像是正式的职业似的……所以，后来我们索性就把它当作一种社会实践，并正式命名为"桃山商事"。从那以后，它就成为了真真正正的一个类团体活动。

为什么大家都说同样的话？

清田：因为是抱着玩一玩的心态做的活动，所以一开始我们并没有想过"性别偏见（歧视）"这样的严肃话题。不过随着大量恋爱话题和咨询的深入，我发现大多数女生都流露出同样的抱怨和不满。其中最典型的就是"不给钓来的鱼儿喂食的男人[①]"，交往之前挖空心思百般体贴，一旦交往之后就不再花心思约会、只顾泡在女朋友的房间里卿卿我我。此外，动不动就冷暴力、心情不好的"男朋友"们很多，沉浸于电子赌博游戏挥霍自己的钱赖着不还的"男朋友"们也很多……这些不断刷新着我的三观——"这种情况居然这么常见吗？"

一方面，听到这些我经常会萌生出"自己也半斤八两"的想法。比如说我想起自己高三那年曾经跟一位一块儿打零工认识的女生初次谈恋爱时的场景，说不定那会儿我也曾在女朋友面前无端生气、冷暴力，等等。在不断想到、听到这些的时候，我能感觉到那种强烈的共鸣和认同感正在随着不断点头认同"这男朋友真过

[①] 恋爱或结婚之前百般温柔贴心，恋爱或结婚之后却完全另一副模样的男人。

分"的我身上牢牢地黏合和贯通。

太田： 原来如此。原本是从旁观者的角度听他人诉说，结果却意外逆向地打通并洗礼了潜伏在自己内心的某些东西。

清田： 此外，也许是因为这项活动本身就是由熟知我过去的同学朋友们共同组建的，所以，在听女生聊恋爱话题时经常免不了被他们拆台，说"你这家伙之前貌似也做过这种事呢"等等，所以，我常常需要被迫暴露自己表里不一的一面，被迫地从高高在上的"咨询方"的高位被一把拽下来。在这个过程中，我只好半被强迫性地再度为当时的行为做出解释……这样一来，活动进展到后面常常会演变成针对"为什么当时会那样做"的反思大会。

一开始，为了能够让伤心痛苦的女生们能尽可能地开心起来，我努力使尽浑身解数，整个人一直处于高压状态感觉非常累，而倾诉方呢，也一样感觉很累。所以常常会发生"后面的谈话开展起来很吃力"的尴尬局面。反倒是我那几个看似"话语无趣""装傻充愣"的搭档能出乎意料地扮演成很好的倾听者。由此我开始意识到，在此之前我所做的根本算不得是"有效沟通"，充其量就是"自说自话"罢了。

太田：原来如此，我想其中最重要的关键词就是"做一个好的倾听者"。也就是说，能言善辩但无法与他人进行有效沟通的人缺乏的可能是"倾听"和"仔细聆听并充分共情"这样的关键性动作。确实，在日常生活中这种本意是希望好好沟通，不料却搞成了争辩现场的男人确实不少见呀……说到底，"争辩"是说话者与倾听者双方各执固有立场的单行道，而"沟通"则是双向的思想交融……

清田：说起来你可能会觉得这是理所当然的，但当我们经历过这种 180 度的思想大转弯之后，才真正意识到"作为倾听方，我们说什么不重要的，重要的是耐心倾听咨询者怎么说，这样才是治愈和焕发咨询者活力的最佳方式",所以从那以后,我们将谈话的重心放在了"倾听"上。

所以,随着我们不断将通过这样的方式收集而来的"恋爱漫谈"登载到各类文章、网络媒体上,慢慢地我们才开始意识到:"难道这就是大家所谓的'性别歧视'问题?"

以他人的恋爱漫谈为契机的自我回溯

太田：我想，被要好的男性朋友相互吐槽对方的缺点和做过的糗事应该算得上是男生之间的家常便饭，可以说是见怪不怪了。但您却没有把它当作朋友之间的玩闹一笑置之，而是以此为镜不断向内追溯，不断进行反思，我想知道您是怎么考虑的？

清田：在活动的组织过程中，我经常能看到与我相对而坐的女生因为男朋友的不当言行而感到痛苦或者恼怒，所以同样作为一个男性，我想这些都不是能够简单当作玩笑一笑置之的事情。可以说，这是一个无法袖手旁观的、切切实实的问题。在这个过程中，我能够清楚地感知到自己内心的"共情力"仿佛如抽丝剥茧般日渐清晰和丰盈起来……仿佛在见证当事者当下表现出来的最真实的反应时，我的内心也真的隐约能够体会到当事者那些"痛苦到了极点""悔恨地想哭"等"第一人称"视角下才能体会到的东西。

太田：嗯，"共情力"也是非常关键的一个词语，如果能够提高这种"共情"的能力，则沟通能力也将得到大幅度的提升……

那么，这里我颇感好奇的是，是什么让您收获了这种高度的"共情力"呢？您刚刚讲到，在见证当事者最真实的反应过程中，仿佛自己也能够隐约看见对方的"第一人称"视角下才能看到的东西……关于这一点，您是否有过尤其令您印象深刻的瞬间呢？

清田：比如说，我们有一次曾经听一个女生抱怨她男朋友终日沉迷于赌博游戏，总是哭丧着跟她要钱。因为这个女生一直对此颇感不满，所以我们也就自然而然地跟着为她打抱不平，贬斥道："真是个差劲的家伙啊！"然而没想到女生居然一脸不悦地对我们说："你们懂什么！"一开始我觉得很莫名其妙："我们明明在极力共情，为她打抱不平啊，为什么反倒被她责怪了呢？"当时觉得很摸不着头脑，但后来好好转念想想才明白，或许那是因为大部分人都无法接受自己喜欢的人被他人贬低吧……

还有很多因为外貌长相被男朋友嫌弃而深受伤害的女性。例如被男朋友嫌弃长得太胖、不适合换发型否则太丑之类。大概她们觉得男朋友不过开开玩笑、逗她们玩而已，所以女生在面对这些时似乎总是碍于情面无法接受，然后第一时间生气地制止大家的非议。而实际上呢，她们内心却又始终真真切切地被这些看似无心的话语伤害着。我一边听着这些女生们的讲述，一边回想到自己也曾在人前拿女朋友的发型取乐，还弄哭了对方……虽然自己当时确实只是出于开玩笑和毫无恶意的打趣，但不得不说真的是很不负责任的话语。对此，我时常反思。

太田： 女性即便被男朋友贬低容貌、拿长相开玩笑也不会立即生气制止，这种情况确实很常见，我也深有同感……即便20年过去了我仍然清晰地记得，有一次尽管我都觉得怒不可遏了，但对方却什么也没说，甚至有些觉得沾沾自喜。其云淡风轻的程度，估计连对方自己都想不起来曾经有过这档子事了。我想可能是因为她觉得虽然对方拿自己的容貌开玩笑确实有些伤人，但程度不重而且本身没有恶意，所以抹不开面子正面生气吧！

我在工作时也经常能从受理的一些离婚案件中发现男性的很多不良行为，其中就包含了"贬低伴侣容貌"这一项，其泛滥程度真的可以说是不胜枚举。比如动不动就骂妻子"你这个丑八怪""能不能别胖得跟肥猪似的"……本以为经历了妻子方的离婚申请、调解、裁判等系列过程，男人这边会对夫妻之间存在的"危机关系"有所体验和察觉，并由此反省自己做得不好的地方，可没想到那些男性不仅不反省，反而反过来编造一堆莫须有的故事和罪名扣在他们妻子头上，比如"妻子不理解自己""明明自己没做错什么，可是妻子的心却离自己越来越远，一定是妻子在外面有人了"，等等。怎么说呢，可能是见多了这类逃避推诿、无法直面自身问题的差劲男性，所以我尤其关心是哪些瞬间、什么契机下导致男性自发自主的自省。

那么刚刚听完您的心路历程，我想对于清田先生您来说，这个契机可能就是通过站在旁观者角度聆听他人的恋爱故事，而非通过自身的恋爱历程，反而收获了客观的视角，对吧？

清田：确实是这样的。所以我也非常庆幸自己搭建了这样一个多人齐聚一堂共同倾听女性心声的平台。毕竟，虽然我们这些男人也有过很多"失败"的经验和素材，但实际上却很少有机会能够将那些与恋爱相关的、平时不想轻易展示给男性同伴看的难为情的、非常个人化的东西开诚布公地展现出来。

太田：除了清田先生以外，您的其他搭档也有过类似的感受吗？

清田：我想他们应该跟我一样，在做这档活动之前并没有思考过"性别歧视"这个问题。此外我想他们也一定感受过来自于自己竟早已在不自觉中沾染上"有害的男子气概"的自我谴责感以及自我否定感的反复冲击，也一定曾试图从这种感觉中跳脱出来，站在旁观者角度辩证性地解读女性们的话语。

第二章 | 套在男孩身上的"枷锁"

绞尽脑汁为自己寻找正当化逻辑链条的男人

太田：明明是一个以男性的调调开展的活动，却能够自然生长出"谦逊地倾听女性话语"的姿态，这真的很有趣。如果能够借由这个活动让很多东西发生改变的话，则着实非常让人期待。我想如果大家一直被"有害的男子属性"囚困，大概也就很难获得像现在这样侧耳倾听对方心声、将心比心地揣摩和理解对方的良性沟通机会吧。

我经常在处理离婚案件的过程中听到女方说自己"无法和丈夫沟通""没办法坐下来好好说说话""我已经拼尽全力了，可我丈夫仍然不能理解我。实在无能为力了，我决定离婚"……有个词叫作"男式说教"，我认为有些男人确实总希望自己永远地站在这个"教育女性、主导女性"的位置，所以一旦要让他们切换到"向女性请教、被女性引领"的位置上他们似乎无论如何也接受不了。

清田：因为我自己在初高中时代有过一段跟女性完全没有任何交流的阶段，所以直到现在我也不敢说自己完全懂女人。所以，说实话有时确实容易对女性的话语产生过于绝对化的解读。不过即便如此，我还是清楚自己曾经的确在不自觉中有过"男式说教"等言行。尤其是在研究了"性别歧视"问题之后，更是对"做狂妄自大的事情惹女人厌恶"这类情况极度忌惮。

我在上野千鹤子的著作中看到过这样一种概念：过度神话女性也是"厌女"的一种表现。所以或许是因为不懂女性，所以心生畏惧，因为觉得畏惧，所以才会在不自觉中倾向于对女性"过于绝对化"或者"过于敌对化"。

太田： 原来如此。的确，女性不是神，（笑）女性和男性一样，都是人。也就是说，女性既不在男人之上，也不在男人之下。

清田： 此外，可能是从小踢足球受足球的影响。就"运动"而言，它是有"技能""能力"这种可视化差距的。所以，当我有了这种体验之后，内心便仿佛自然而然埋下了"自己这方面明显不如别人"的心知肚明的价值标准。而另外一方面，语言交流之间的差距却很难可视化。因为即便其中某一方的说法明显更正确，另一方也完全可以不予承认，并千方百计地找出很多借口和使之正当化的逻辑进行辩解。我想这一点在男性身上就展现得尤为明显。

举个很逗的例子，男人在蒸桑拿时经常会有"和同伴暗中较劲，比谁能在里面待得更久，谁先出去谁就输了"的潜意识……以前我和我朋友一起蒸桑拿的时候就能明显嗅到这种"竞争"的意味，但因为我本人是相对耐受的体质，所以，最后是朋友受不了先出去了，被打败了。而临出房间的时候，他却抛下一句："真没劲，蒸腻了蒸腻了，我先撤啦！"

太田：（爆笑）

清田：就是那种"刚进去正想好好蒸蒸过把瘾呢！结果没蒸多久发现这也太无趣了，没劲"的脑回路。（笑）

太田：曲线救国！意思就是："我可没有输给你哦！"（笑）

清田：明明不是竞争，却自顾自地擅自带着竞争意识，强词夺理，颠倒是非，把"输了"强扭为"没输"。这果然是男人常办的事……

太田：掩耳盗铃式的自我肯定……原来如此。不过，怎么说呢……虽然连蒸桑拿都要比确实让人觉得好笑，但它确实是与"老子输了就输了呗，无所谓"的完全相反的另一个极端想法，有点为了证明自己没输，于是设法编造出另一个情节的意思。不过……承认"输了"有那么困难吗？承认自己软弱有什么令人恐惧的吗？他们到底在不安着什么呢？我认为"敢于直面自己内心的情感波澜"是非常重要的一个环节，可如果我们采取"掩耳盗铃式的自我肯定"的话，则会直接越过对于内心情感的正视。这是一种自欺欺人的做法，当在面对很多遇到至关重要的事情时，会非常危险。

为什么会产生"语言化"的能力之差

太田：与您交流的过程中我想到了"语言化"，我认为将内心情感进行"语言化"的能力也非常重要。在大家的概念里，男性通常不太善于表达自己的情感。然而我想这种差别其实并非是与生俱来的。男女"语言化"的能力之差只不过是因为女性更加能够站在作为女性的角度和体验之中不断去锤炼自己将内心情感进行"语言化"的能力。这就像肌肉锻炼一样，需要不断地练习。

清田：这一点我也比较认可。在类似"会话的肌肉力量"的能力上面，男性和女性的水平确实差得很远。就比如做"恋爱漫谈"活动，男性的话语总是比较偏男性风格，说话和揣摩会相对粗放得多，对于话语细微之处的把握也显得比较欠缺和迟钝，所以经常不知道应该怎么及时接住话茬儿。

太田：如果自我特性中有着别人身上没有的、相对稀缺的某种特性的话，则可能会相对容易地促使自己将这部分自我体验进行语言化。拿我自己举个例子，比如说，因为我是土生土长的日本人，所以平时很少将自己的民族性进行意识化。而缺乏民族性的人则可能经常会有"将民族性进行意识化"的特殊体验。我想我也不例外,假如有一天我离开日本去到海外居住,那么我大概也会常常感受到这种融在血液里的"民族性",并不知不觉地会将之语言化。

从小生长在本国、身心健康并且有着大部分人都有的"异性恋"取向的男性则恐怕很少有机会意识到自己"拥有大多数人都有的特性——顺性别[①]"。那么自然而然地,和拥有"少数特性"的人相比,他们几乎不怎么认为自己有什么必要非要去审视和修正关于"内在特性"的相关问题,更不会有"尽力使之语言化"的意识。所以,面对某些事情的时候,他们可能缺乏表达跟自己特性有关的问题的语言能力,又或者说,其实他们很难认识到这些问题。

清田: 我认为"将内心情感语言化"是非常重要的一个概念。然而男人却可能压根儿不清楚什么叫作"将内心情感语言化",我甚至都觉得他们压根儿就没有"语言化"的意识。

太田: 原来如此。我想,如果缺乏"为无法语言化感到苦恼"这样的切实体验的话,那么他们很有可能连自己都很难意识到自己"并没有进行语言化"以及"不会语言化"的现实状况。

[①] 顺性别——对自我的性别认同和出生时被指派的性别相一致,毫无违和感的人。是"跨性别"的对立词。

清田：《社会·大多数研究》①一书对于"情感语言化的构造"进行了详细的说明。书中说，首先人的身体内部会产生某些相对应的反应，然后会不自觉地在这个反应上贴上言语标签。而一旦这个过程被完整有效地联结，那么就会触发人体实现"语言化"。

所谓的"身体反应"，举例说来，就是腹部周围瞬间绷紧、呼吸变浅、身上感觉冷、身体出汗一类的反应。先有"身体反应"，紧接着头脑中才会触发"这是在紧张""因为在畏惧对方"的理解，此时才会进一步将内心情感进行语言化。这一系列反应是需要经过一定程度的训练的。如果没有这种习惯，则很有可能无法感知到自己的"身体反应"，也很有可能导致贴上的言语标签与自身真实感受完全不相符的情况。比如说，明明是因为恐惧而害怕得双腿发抖，却错以为"这是如临大阵振奋精神，自己并没有害怕"，导致自身并没有及时识别出潜藏在内心深处的恐惧……这样的事情经常发生在男性身上。因为无法精确地把握致使自己产生不快等情绪的原因，只是没来由地感到"内心有一股无名火无处撒"，所以容易不加辨别、一股脑儿地全部归为心情不爽甚至转化为对他人的暴力等形式，从而进一步达到情绪发泄的目的。

太田：原来如此。所以尤其是身边的女性，或者社交网站上的女权主义者们便极有可能成了最易被攻击的对象。

---

① 绫屋纱月，《社会·大多数研究——沟通学的共同塑造》。

清田： 我家是一对双胞胎。我觉得上面提到的情绪发泄方式跟小孩子有些类似。总而言之"就是觉得不高兴"，于是哭着跑来希望大人能帮他摘除不高兴的原因……我想，这两者之间有着一些共通之处。

太田： 我明白。就像清田先生您在书中写到的，男性"对于自己情感的分辨力很差"。我认为这种说法非常贴切。

清田： 就是从理论上讲并不会将"我心情不爽都是拜你所赐"这种思维进行语言化的情况，对吧？

太田： 我在想，那些已经活了四五十年，却还没有获得这种能力的男性接下来应该何去何从……

家暴和冷暴力加害者的其中一个典型行为就是"有意拒绝沟通"。有些男人刻意拒绝与妻子沟通，对妻子实施赤裸裸的冷暴力。主观认为"我跟你无话可说"也就罢了，连妻子主动搭话都一副面无表情、装聋作哑的样子。在过道里擦肩而过时，也当没看见似的，也不避让躲闪，径自走在过道中央。就算身体撞到一起，也装作不知道一样……如此种种，是我在现实中真实听过的事例。

清田： 这确实有点过分呀……

太田： 丈夫拒绝沟通则使得妻子一方坐立不安，终日惴惴不安于怎么才能让"冷暴力丈夫"满意——我到底是这样做才好，还是那样做丈夫才能满意呢？于是丈夫就认为"妻子是在自作主张、并不是自己强行要求她这样做的"，可实际上妻子的这些行为就是由冷暴力加害者的主观意图所直接导致的结果啊,您说呢?

曾经有个真实的案例,妻子因为丈夫好几个月无视自己,内心非常苦恼,体重狂跌到让周边人大吃一惊的地步,她多次反复问丈夫自己要怎么做才好,可丈夫仍旧片言不发。后来在审判官询问其丈夫"为什么不跟妻子说话"时,其丈夫说:"希望妻子自己醒悟""我不直接说出来,就是意味着这里面包含一层'希望即便自己不说,妻子也能及时洞察到'的意思啊……"

清田: 明明一声不吭,却希望对方什么都明白。这些家伙真是可恶呀……

太田: 说到底,所谓"沟通",如果不把对方放在平等的位置上,则是很难建立的,对吧?因为这就像某人在使唤用人时,只要用命令口吻就可以了啊。

怎样才能训练"语言化"的能力呢?

太田： 刚刚您谈到蒸桑拿，我真的深有同感。我们家两个儿子兄弟俩之间经常争得僵持不下，对任何一点鸡毛蒜皮的小事都要争。输了的那个就悔恨得哇哇直哭。于是，我询问道："是不是哪里不甘心，你告诉妈妈。"试图引导他将情感语言化。也可能是因为小儿子年龄比较小，还不太会用语言进行表达，所以只是草草回了一句"我要大便"，对话便戛然而止了……

清田： （笑）

太田： 但是我认为不能够因此先入为主地说："刚才你是很崩溃这样的心情对吧？"从而剥夺了他进行"语言化"的机会。所以与其这样，不如只对他说："如果只能用话语才能描述清楚的话，那你说说看……"不过其实作为父母，要说完全不明白也是不可能的，因为我们始终在旁观察，大概其还是知道怎么回事的。于是，转过来对长子说："抱歉，妈妈其实知道怎么回事，但妈妈不说。因为自己说出来是非常重要的。"这时儿子才边哭边说："我知道，正因为是在妈妈面前，所以才故意撒娇。"

清田：厉害。您儿子们一直在充分自由地实现语言化……

太田：倘若现在能够有所自知自觉的话，那么我想至少当下还算是马马虎虎过得去吧……

清田：印象当中，女性在"语言化"方面的锻炼是男性远远比不上的，这到底是什么原因呢？

太田：就我个人而言，从青春期开始我就真切地感受到，如果遭遇了什么烦恼、内心难以平复时，如果能够把内心的感受转换成语言写在日记本上，则能让人心情豁然开朗；长大成人之后也常会和朋友聊天、吐槽，烦闷的心情也能很快得以消解。

清田：说到"语言化"，我想起一件事。在上高中的时候，我曾经和三名男性友人聊起过"向喜欢的女生表白"的话题。当时我们一致认为只要对某个女生有好感，就应当履行"找机会凑过去跟她说话、找共同话题从而拉近彼此距离"等一系列合理的程序……当时我们不知道怎么想的，于是一拍即合——"来吧！跑起来！"

太田：啊？（笑）

清田：就是说："接下来只要能冲刺跑完十圈，就一定能成功和她交往。"（笑）这种事情在男人的世界里经常出现哦。比如说，只要是在高中校际比赛上登场亮相，就一定会得到那个女孩表白……

太田：啊……原来是这样……

清田： 对于"想和喜欢的人变得更亲密"的欲求，并不单单要考虑如何才能通过沟通交流合理有效地增加彼此之间的联结、如何才能缩短彼此之间的距离等浅显的问题，而应该进一步发散下去，比如"在这个过程中，我们需要经受怎样的磨炼和努力才能成就彼此的爱恋"……

不过，自顾自定下与"恋爱"八竿子打不着的目标，并热衷于"让假设成真"的我们在短跑冲刺的过程中，心情倒确实愉悦轻松了不少呢。

太田： 嗯，确实有这样的。就像是"努力"是为了获取某种战利品或者某种奖赏。对于高中生来说，我们也许只会一带而过地想："还是年轻啊！"但是如果不能让他们在成长过程中逐渐真正意义上地成熟懂事起来，则未来一如既往将恋爱、结婚肤浅地定义为是"某种奖赏"的男性中，也一定不乏有很多是成年人！

有个词叫作"战利品妻子"，就是指不把配偶或者恋人当作地位对等的伴侣，而是将之视作标榜自己"成功"的附属品。这种人对外炫耀自己的伴侣，表面上看起来对其一见倾心，但实际上可能并不珍惜对方……

清田： 比如说，将"努力工作"视同于"已经尽到了守护家庭的责任"，一旦在家务活儿、养育孩子方面遭受抱怨，便立即抱着"被害者心理"，反唇相讥道："我已经在社会上如此辛苦打拼了，你还要我怎样！"我觉得与家人一起齐心协力共同经营温馨的生活和努力工作其实是两码事儿,但是不知道为什么很多人都容易将这两者混为一谈……您在离婚调解现场应该遇见过很多持有这种想法的人吧?

太田:确实见过不少。这种男性会觉得自己在社会上打拼已经筋疲力尽了,虽然呕心沥血但还是百般隐忍努力着,那么相对应的,就理所当然地期望妻子能够充分尊敬自己并给予自己及时的疗愈。可是一旦这种期待无法实现,他们就会立刻觉得怒火中烧。

然而,作为妻子、母亲,也会因为工作、家庭琐事以及育儿等问题焦头烂额啊,所以其实是很难一直担负"疗愈担当"这个角色的。

清田:不过,说起来我自己在落榜的时候也完全有过这种心态。当时为了考上志愿学校,我和交往的女朋友差不多有一年时间没有见面,一直专心埋头学习。后来终于功夫不负有心人考上了心仪的志愿学校,于是我兴冲冲地跑去给女朋友打电话报喜讯,不料对方却只是淡淡地回了一句:"真好,恭喜你哦。"……当时我觉得心里"噌"的一下蹿起了一股无名火——"就这样?!"

太田:心想,明明我已经这么努力了……对吧?

清田:对,瞬间整个人就不高兴了……但是仔细想想,其实是因为落榜期间几乎一直没跟女朋友见面,对方也自然很可能不知道你曾为此多么地努力,而我呢……却自顾自地默认对方一定会懂得我的心情。

在桃山商事里,我们也听过类似的故事。说是有位丈夫工作十分繁忙,就连回到家里也经常一言不发,不与妻子对话。某天,紧张的工作终于告一段落,丈夫于是对妻子说:"终于告一段落啦。"然而妻子却因为没有切实体验过丈夫的那种辛苦,所以只是例行回应了一句:"这样啊,真是辛苦你了。"听闻此言,那位丈夫瞬间暴跳如雷,大吼道:"我在外面累死累活,你这是什么态度!"

太田: 确实,有的有的……

清田: 当时落榜时候的我也全然是这副模样……自顾自地在头脑中描绘了一幅"努力复习备考→考试通过→和女朋友的恋爱得到沸腾和升华的谜之图式"。(笑)所以,一旦考试通过,我便顾自兴奋,并且想当然地觉得女朋友也应当跟我一样激动,会忙不迭地对我展开花式称赞……

专属于男性的"理想范本"的定型？

太田： 刚刚说到的那些，一旦在"外"取得某种竞争的胜利，则对"内"的恋爱要素的充实也将作为某种褒扬被附庸上去。这或许算得上是一种男人幻想中的某种范本吧。也就是说，他们潜意识中认为我好不容易历经千辛万苦，过五关斩六将，取得了社会性的胜利，那么相对应的，感情方面的成功也自然应当相伴而来。

清田： 确实如此。与其说是精神层面与内在的关联性，不如说是一种战斗中的胜利。动漫世界以外也是如此，运动上取得胜利的男性选手几乎都会毫无悬念地说一句"离不开妻子的支持"。这里值得思考的是，为什么竞争上取得成功就一定要和家庭的圆满挂钩？我想，现实中很多想当然地编织出一系列类似"努力并取得成功后的自己，也应该和异性方面也有所收获"的故事大概是受到动漫或者电视剧的影响才被编织出来的。比如说，我在上小学的时候，就流行着将男生的幻想变成"现实"的《龙珠》《灌

篮高手》等动漫。

太田：也就是说或许也会无意识地对电视剧或者动漫中所描绘"成功经验"有所期待，对吧？我倒不是说不可以有所期待，只是觉得如果此人能不把一旦偏离了期待的结果就萌生出来的"啊？已经这么成功了却还是交不到女朋友，这跟预想的不一样呀"的想法和"对女性轻微的不满和排斥"挂钩就好了。

从"努力"的结果来看，努力能够实现个人社会性的成功，这是好事，现实中很多女人也会因为体察到了某个男性身上的"努力"和"社会性成功"的魅力而与之结合，这种可能性也很大。不过仔细想想，印象中我本人好像确实没有从少女漫画中获得过"女性取得社会上的成功之后，吸引了同样优秀的男性，结下缘分最后幸福地在一起"的观念洗礼呢！所以，关于我们是如何通过整个社会所呈现出来的具体的什么样故事或者信息来获取"社会性成功和恋爱上的成功之间的关联性"这一点上，果然还是能够明显感受到其中间暗藏的"男女差别对待"的。

我儿子们经常看动漫。既然喜欢看，那我就想着要让他们多看一些优质的动漫，于是我便会积极地进行挑选，然后齐整地摆放在家中。其中不乏一些少年漫画刊登的作品，而除此之外他们也常读一些少女漫画，对于田村由美等作者的作品他们也非常的喜欢。清田先生您小时候家里让读少女漫画吗？

清田：孩童时代不能过度陷在少年"跳跃性"的世界观里，因此我也会读一些少女漫画。毕竟住我隔壁屋的年幼的姐姐也总是想给我洗脑似的给我看一些少女漫画，（笑）因此也算是颇受她的影响。尤其是吉田秋生先生的《香蕉鱼》，很引人入胜。此外还有不仅描述"强大"还注重描画男性的魅力以及友情关系的最新作的动漫《海街日记》等等，这些作品的人物心理描写都很丰富，对吧？

太田：确实是呢。我认识的男性朋友当中也有小时候经常读少女漫画的，而他们长大后对于"性别歧视"都有着很深的理解。我想这两者之间不无关系。《香蕉鱼》作品中讲述了主人公亚修被性侵害的经历以及据此进一步刻画了作者对于女性遭受性侵害的思考和洞察；《海街日记》也是，描画了热爱足球的元气少女

和同样热爱足球的男生之间发生的奇妙的故事，对吧。嗯，我也想推荐给我儿子们看看。（笑）

清田：此外，因为《樱桃小丸子》这部作品我逐渐开始喜欢上了樱桃子①的作品，我感觉她作品中塑造的男生或者成年男性角色都比较浪漫，并不是趾高气扬自以为是的模样，给人的感觉都很舒服。而作品中的人物也都各自奔着各自渴求的生活自由快乐地生活着……真是让人羡慕呀。

太田：作者总是带着包容和慈爱的心描刻男性的脆弱、疲惫、低落的一面对吧？的确是很了不起。那么我认为少年漫画也一样——如果少年漫画作品的创作也能够像刚才说的那样从"男性性别特性"的枷锁中解放出来，诞生更多可以奉为男性行为典范的、经典而富有魅力的人物形象就太好了。

---

① 樱桃子（1965年5月8日—2018年8月15日）：出生于日本静冈县清水市，日本漫画家、词作者、编剧、随笔作者，代表作品《樱桃小丸子》。

如何消解"不受欢迎"困扰之苦

太田：说到"男性的软弱"，有些网络词汇无一例外是对于男性的蔑称。因为其本身就带有"不该被使用"的意味。不过即便如此，我却仍能定期地在社交网络上发现一些对男性蔑称的话题。每当这个时候我就在想，在那些话题下活跃的人当中拥有对当事人同理心的人一定是屈指可数的吧……

我最开始关注到"孤寡男"的网络用语完全是依托于近来社会大众普遍高涨的反思意识，而其中一个大背景就是因为网络上出现了大量对于"女性"激烈的攻击，等等。正是基于这些，我才逐渐开始思考、揣测"或许这些针对男性的轻蔑用语里也暗藏着很多问题"。如果严重地被"孤寡男"纠缠，则其中一部分男性将极有可能衍生出像前面章节中提到的非自愿禁欲主义者们那样对女性的暴力和敌意行为。清田先生，你们的活动对于有这种不良意识的男性有没有什么帮助的方法？对此您是怎么看待的呢？

清田： 我个人认为"不受欢迎"在男性的价值体系里真的是一个非常令人头疼的问题。这种烦恼不仅仅是在没有得到恋爱之神恩赐的时刻，还包括喜欢的人不为自己回头的时候以及发现自己比意料之中还更不受欢迎的时候……这种"不受欢迎"的意识始终萦绕着他们。实际上我本人在高中时期也意识到自己不受女孩子欢迎，那个时候我感觉自己浑身都被"不受欢迎"的意识包裹着，但即便如此还是不免会被男性朋友们说教道："你这种交过女朋友的家伙不配说自己'不受欢迎'。"所以，说真的，有时真的不知道自己应该怎么看待这个事情……

不过，对于一些男性来说没有从女性那里获得性方面的认可，没有被女性接受，就会升级成为自我个性的问题这一点我倒是有切实的感受，因为我本人也曾深受这种想法的困扰。所以说，如果任由这种困扰升华下去就有可能催生像加藤智大那样认为"因为没有女朋友，但仅此一点就足以葬送我的人生"，从而采取诸如秋叶原街道暴力杀人事件的极端例子的可能性……我觉得，这是非常有必要进行深刻反思和讨论的问题。

太田： 其实我想说大概这些被"不受欢迎"意识所困扰的人实际上正是被男性性别特征所困扰的人，因此如果能够想办法使他们从中解脱出来，幸福感定将增加不少吧……但又觉得这种话从像我这样拥护女性的人嘴里说出来，似乎容易被人抵触。不知道说"自尊"恰不恰当，总觉得会因此而触碰到对方灵魂深处某些纤细而脆弱的地方。但如果是来自于同性的声音应该就不至于这样，应该就能引发更多的触动和反思……所以，仔细想想这事处理起来好像并没有想象中的那么简单，对吧？

不过，最近我对于这类男性几乎已经开始采用"父母视角"了。因为我在想，不管是我的两个儿子还是说任何一个男性可能在不远的将来都会遭受这种痛苦。所以，我就会反复认真地思考：怎样才能化解他们的痛苦呢？我们怎样做些什么，才能帮助天底下所有男性免于承受这样的煎熬呢？

清田：确实是啊……我认为我们整个社会都很有必要接受"性别偏见"方面的教育。其次，当下也流行"男人之间要多多进行互助"的呼声，对吧。此外还有"学习恋爱技能，去到恋爱现场中历练"的建议；如果是当下比较潮流的做法，则可以选择购买市面上像《搭讪技巧》等可以对自己有所启发的书籍……但是因为每个人各自情况不同、境遇迥异，所以光是照搬照套就想解决这个问题还是有难度的。

我自己在上大学的时候，曾经接连不断地失恋，有段时间沉沦在"为什么我是不受欢迎的男生"的消沉情绪里。那个时候疗愈我的是某个独立偶像团体。那个团体中有成员对担任声优的《恋爱模拟对策》游戏非常着迷。而它对于当时的我来说实在是再虚幻而美好不过的了——各种类型的可爱女孩总是毫无根据地喜欢着不起眼的我……那种感觉真是太幸福了。我记得我当时还激动不已地对朋友说："哥再也不需要什么女朋友啦！"

太田：（笑）恋爱游戏里好像确实经常会有那样的生态设定——"平平无奇的人也能被美好的人偏爱。"

清田：将"喜欢动漫和游戏的男性"等同于"不受欢迎的男性"可能有些过于粗暴了。但是一方面，举个例子，只要网络上选用女性动漫角色做广告就会被批判为是"过度性别倾向的表现"进而引发大量的讨伐声；另一方面，网络上能经常看见一些敌视"女权主义"的女性、对"女权主义"发起攻击的"愤怒"的男性账号，它们从感官上也总是给人一种"愤怒的脑浆不断喷涌而出"的既视感。似乎只要有女性加入争辩的阵营的话，他们就会越发显得亢奋……

太田：确实是。比如说当我偶尔在推特上写了一些关于"性别歧视"的文章，尤其是在公共空间发表了一些对于"歧视女性"的批判性言论时，则很快就会收到大量谩骂或者攻击性的评论。不只是社交网络上，有时甚至事务所的电话会遭到狂轰滥炸，此外，邮箱里会收到一堆匿名恶意信件，申请法律援助用的公开邮箱地址也一样，一打开全是铺天盖地的骚扰邮件。

清田：不……不会吧！

太田：其实就在今天早上我还收到了类似的骚扰电话。一接起来，电话那头就突然反复骂着一些粗鄙下流的话语，然后不明缘由地突然"哇"的一声就啪嗒地挂了电话。

屡屡遇见这种攻击性的言行之后，我唯一能想到的是，那些人可能真的已经丧失了理智。或者就像清田先生您说的那样，那些人亢奋得厉害！同时，从另一个侧面来看，他们似乎是在畏惧着什么！我听过心理学中有这么一个专业用语，叫作"愤怒是第二层心理"，也就是说，在"愤怒"的情感之下其实还掩藏着某种根本性的心理。我想潜藏在他们内心的根本性心理状态就是——"恐惧"！

这就类似于他们将自己"受到了某种威胁、某种东西似乎要被夺走的"恐怖感的源头指向了我，把恐怖情绪之下的"愤怒"投射在我身上，于是对我展开疯狂攻击。可我明明掌握不了他们的生杀大权，对他们无法构成任何实质性的威胁呀……

清田：我也是。有一次我在写一篇关于动漫角色批判性事件的记录文章时，就曾经收到过一封"不要屈从于女权主义的迫害"的邮件。可是"迫害"一词不应该是用于"多数派对少数派的压制或排挤"之类的情况吗？明明在动漫人物被公共性极高的广告采用时，作品及其粉丝群体本身才是站在"大多数"的立场才对……所以恐怕在他们潜意识里早就把自己归属为了"少数者"吧！更疯狂的是，他们竟然还萌发了"要将所有关于女权主义的东西摧毁"的类似于"阴谋论"的念头。

太田：对于您说的"他们早就从意识上把自己归属为少数派"，我也有同感。将自己放在"被害者"位置实际上是变相地"承认自己的加害性或者歧视性"这一相反的对立面，对吧……

由我担任检证委员的 *Days Japan* 的广河隆一先生也在检证报告书等方面多次阐明过相关问题。明明是那么严重的霸凌、性暴力的加害者，但"被害者意识"却强得惊人……基于这种与"政治思维倾向"毫无关联的逻辑链条，我想，"男性性别属性"可能确实算得上是某种病态吧……

在离婚案子中我也经常能发现这些家暴施害者们有着极其强的"被害者意识"。比如捏造出一副被挑唆、被殴打的样子。而另一方面，真正的女性被害者却反而经常感到自责和痛苦。

可以愧疚但不可沉默

清田：性别歧视性事件以及男性公众人物的不正当关系等一旦成为了问题，则就明确地坐实了"男性"方面的偏见以及性别歧视的意识，这种时候就经常会出现男性抱团取暖，为自己人说话，相互发表拥护性的意见的情况。这一点在网络评论栏，或者电视台上的男性解说员身上也很明显。怎么说呢……每当这种时候，就隐约有种"为各自性别担保的犯罪同伙"的错觉……

太田：（笑）

清田：如果赞成女性方面的批判，则有可能面临"你也配说别人"之类的批判……

太田：确实是呀。就算那些内心对女性产生理解和赞同心理的男性，也极有可能瞬间预料到自己做这些事即将面临同性方面怎样的批判，很难下决心说出内心的赞同意见，最后不了了之的……

清田：确实，我觉得应该来说多数男性都曾看过成人内容，所以善于利用性方面的陋习的人应该也不在少数，更不用说从一开始就没有"性别偏见（性别歧视）"的人本来就很稀有了。所以，我们心里偶尔不免产生"愧疚"的心理大家也不要觉得很奇怪，就拿我本人来说也都多多少少有这样的感觉。比如说，很想对被性骚扰女性受害者说一些希望她能够积极地自我防卫的话语时、当遭受"性别偏见拥护者"疯狂的讨伐和责难，只能空留一声"如果这都不让说的话，那还谈什么自由言论"的叹息时……这些情景通通都与"愧疚"的心理大背景紧密相连。

说到这里，恐怕还是要回归到"语言化"的问题上。也就是说，因为无法对这种朦胧恍惚的愧疚感、违和感、憎恶感清晰及时地进行语言化，所以会不假思索、条件反射般地回怼、态度暧昧地拥护男性加害者，或者因为害怕遭到攻击所以选择袖手旁观……但这样的做法其实是错误的，我们应该具备"可能自己身上确实存在某些通病，但是一码归一码，这件事情它确实就是不对"的信念，随后再顺藤摸瓜，站在理性的角度思考问题的本质。

太田：确实是，不管是"都是'女权主义者'的错"，还是"推特上那些所谓的女权主义者说的东西压根儿就不是真正的女权主义"之类的言论，明明都只是他们的管中窥豹，但却还是一味地痴迷于他们自己编织的"浅显易懂""令人接受度很高"的臆想的泡沫里，是吧……

上野千鹤子女士说过："如果不懂一件事情的前提性语言，那么是无法进行表达的。我们女权主义者一直以来做的就是对某些行为贴上正确的属性,比如'这是性骚扰''那是家庭暴力'①。"所以,我们也很期待能够出现越来越多被"男性学"的语言化力量拯救的男性当事者。因为在我看来,当下确实有很多男性正身处于当今社会的诟病之中,苦不堪言……

---

① 上野千鹤子、田房永子,《从零开始的女性主义》。

有必要学习"自由民主国家的语言"

清田：还有一点一直以来很想拿出来讨论。我觉得关于"国语"的问题也很大。这也是从早先一块儿在早稻田大学做自主研究的一位恩师那里听来的。这位老师一直致力于研究"莎士比亚"等英美国家的戏剧，并着重将研究成果结合到解决近代社会现实问题中。

据大家所知，"社会（society）""个人（individual）""自由（liberty）"等词汇都是近代的概念，是在明治时代从欧洲传入的。因为这些概念一开始在日本并不存在，所以对于当时的人们到底是怎样翻译、解读它们的，研究界一直议论纷纷。虽然说过了100多年之后这些舶来的语言都已经变成了日本本土性词汇被广泛使用，但是还是不得不怀疑日本的人们是否能够真正地理解这些词汇最根本的意思。比如说，我经常使用的"个人"一词，若是仔细思考这里面是否包含了英语原词"individual"中伴有的一层"在这个基础上再也无法被分割的（in-divide）、社会的最小单位"的语感在里面？则答案显然是——没有；此外，还有"自由"一词，据说直到江户时代之前一直都是偏向于贬义，即常被用于"过于我行我素"一类的含义。

那么同样地，比如当我们习以为常地说着"人权""对等""关联性"等词汇的时候，我想其实大部分的日本人还是不太理解这些词汇背后到底有着怎样的含义。

太田："歧视"一词也是如此呢。也许正是因为大家没有对词汇本身的意思达成共识，所以才会有"那不是歧视"，或者反过来控诉"那是歧视男性（的行为）才对"等意见不一致的、不休的争辩。

清田：尤其是在使用"自由民主"一类词汇时，就更容易有这样的倾向了！（不过我个人倒是认为"自由民主"一类的词汇本身一直就被模棱两可地理解和使用着）。这可能是因为大家连对"词汇是否形成了统一定义"的讨论也未必能够达成一致吧，这么想来，日本国语的鸿沟问题还是要比想象的大得多的。

太田：明白。就好比为什么我在"宪法沙龙"等场合进行讲话时，一般都会尽量努力用最直白、最日常的语言一样。

清田：因为我本人也是"自由民主"新观念的拥护者，所以很容易不假思索地将这样的词汇脱口而出，说到底还是容易把它们当作是远离现实生活的美好的海市蜃楼或者镜花水月一般理想化的存在。我在海外电视节目中看到他国的高中生在认真讨论政治问题时就会感到由衷地佩服，但仔细想想，其实搞不好对于他们来说那些在政治讨论过程中出现的词汇不过是一个个再平常不过的日常用语罢了。

日本现政府正在极力推崇改宪，但是我觉得日本现行的宪法里其实有很多非常重要且意义深远的东西。但因为宪法里面的很多用语基本上都是采用西欧语言的直译，所以仁者见仁智者见智也是正常的。即便是"基本人权""两性平等"等对于欧美人来说也花费了好几百年、用无数血泪才换来的概念，我们恐怕也很难轻易地就说自己就一定理解那样厚重的"历史感"。

所以，如果我们能够站在与自由民主国家同等的水平线上重新获得对于"自由民主的国语"的语言学习机会，则将是一件非常有意义的事情。

还有接下来这个观点也是从恩师那里学来的：日本人过去大约花了 75 年，甚至搞不好直到现在也仍旧处于"将日本宪法里面的内容一点点地渗透进血液里"的尝试阶段。这个话题可能有点大了……我想，如果我们能够往复不竭地将"关于语言""关于自己""关于偏见和歧视""关于这个社会"等问题嵌入到日本社会的各个阶层中去，并带着这一系列的思考和课题去重新反思"男性性别特征"问题的话，则对于这个社会及每一个人都将意义非凡。

第三章

男孩应该明白的事

对谈星野俊树先生（小学教师）
如何营造"尊重多样性"的课堂？

星野俊树（Hoshino Toshiki）：生于1977年。大学毕业后在一家出版社任教员。2015年在桐朋学园桐朋小学部任教，所带班级带头创办并实践了"生命与性大课堂"。该课程备受各类媒体关注，并受邀参加了"尊重教育多样性"等大量讲演活动。

太田：虽然都知道性教育或者性别教育很重要，但是不少家长都认为对于这个年龄段的孩子来说太过于难理解了。但是就我个人实际感受而言，从初高中才开始相关教育的话，实在是有些为时已晚了。所以对于如何针对青春期以前的孩子进行相应的性教育或性别教育这个话题，我也很想请教一下一直致力于小学阶段相关教育的星野先生。

星野：请多多关照。

在日常课堂中对似是而非的事情抛出辩证性的问题

太田：我想请教星野先生，您在实际的日常课堂中是如何进行性教育的？

星野：我并不会做什么特别的课程计划，而是注重在日常课堂中注意打开相关教育的视角，把握恰当的时机，及时自然地把知识传达给学生。

举个例子，曾经有一名小学二年级的女生在日记里写："班里的A君对我说：'男生很厉害很酷，但女生却很弱。真是差劲！'我听了很生气，忍不住想跟所有同学好好聊聊。"我当时看了就想："好样儿的，时机来了！"（笑）

太田：（笑）光一个人生气还不算，还要把它写下来，当成大家应该同仇敌忾的事情报告给老师，这孩子真是了不起呢！

星野：是呀，学生能够这样直率地将内心的想法告诉老师，作为老师确实感到很欣慰。于是，我就把第二天的数学课堂改成了班会，和全班同学一起探讨这个问题。当我站在讲台上对孩子们说"因为昨天发生了一件重大事件，所以今天特意想在这里跟大家聊聊"时，孩子们脸上的表情顿时个个儿都认真严肃了起来。

太田：小学二年级的孩子还是很纯真很可爱啊……

星野：我没有明说是谁说的那番话，也没有透露是谁写的那篇日记，只是引用完那段话之后，转而向孩子们抛出一个问题："如果你们听见了这样的话语，内心会怎么想？"孩子们你一言我一语地回答道"会感到很难过""再也不想来学校了""虽然自己是男生，但是听到这个也觉得反感"，同时还有学生分享了自己的切身经历，说："我曾经在输了接力赛的时候被男生嘲笑过说：'输就输在你是女生！'当时我听到之后觉得非常难过。"

太田：哪怕是那个年龄段的小孩子，竟也经历过各式各样不同的糟糕经历呀！

星野：是呀。课堂上同学们都异口同声地答道："不喜欢！"其中就包括那个一开始说"女生很弱"的男孩。（笑）

太田：（笑）

星野：你看，男孩们其实从很小的时候起就开始被错误的"强大"所熏染呢！因此我想最应该做的第一步就是帮助孩子们重塑他们认知中的"强大"，于是我对孩子们说："强大本身无所谓好与坏，它是一个相对中立的价值观，强大既可以指像我这样力气不大的男性，也可以是像女运动员那样强壮的女性……""如果只有所谓的强大或者强壮而没有一颗温柔善良的心，那么顶多可以称为'莽夫'，只有当'强大'和'善良'同时存在大家的身体里时，才是真正的'酷'。"由此，那个起初说"男生很强，所以很酷"的男生便明白了自己那句话根本就是不合理的。

然后，在这个基础上，我又发散性地向孩子们提问："你们都是从谁口中听到的'因为是男生，所以……''因为是女生，所以……'的呢？"结果孩子们纷纷回答说："是从爸爸那里。""从妈妈那里。""从奶奶那里。"……

太田：果然家庭影响占很大比例啊。孩子们年龄越小，就越容易受到来自身边最亲近的家人或者家庭内部的日常话语模式和行为模式的影响。

星野：经过我仔细询问后发现，男孩子们多是从父亲口中听到这类言论，而女孩子们则更多是被母亲影响。也就是说，同性别的亲人才是更能影响孩子们强化"性别偏见"观念的人。

太田：这一点我深有同感。

星野：其中还包括了那句不明所以的"你是男孩子，所以好好把裤子给我穿上"等言论……

太田：可能是因为大家都认为"因为是男孩子"这个词语俨然已经成为可以轻松应付一切事务的万能理由。（笑）明明还有别的更为合理、本质的理由，但是一句万能的"因为是男孩子"就草率地下结论了……所以我觉得我们作为孩子们身边最亲近的家人，都应该凡事多想一想这件事情的合理化、本质化的理由是什么，并且耐心解释给孩子们听。

星野： 问完他们的亲身体验之后，我又继而追问："你们不觉得这样很莫名其妙吗？"几乎全班同学齐齐点头回应："很莫名其妙……"因为孩子们的内心都很纯真且充满正义感，所以一般通过抛出问题启迪他们思考的话，他们都能很好地进行配合回答。

被家庭内部强化的"性别规范"

星野：那堂课之后，有两个男孩子跑过来说："听完今天这堂课之后，我有了一些强烈的想法，老师请把A4纸的反面给我，我想写下来交给您。"当A4纸再收回手里时，我看见上面写着："以'因为是男生''因为是女生'这种理由来下定论是荒谬的。""男生也可以玩女生的游戏。""能够有机会写下这些，内心觉得舒服多了……"

太田：哇！太厉害了！有了"说出来心里舒服多了"这样的切身体会之后，想必他一定也能够深刻地理解将内心想法进行语言化的重要性。

星野：就有点像是对他本人的自我和解。因为写这句话的那个孩子长得比较偏可爱，所以曾经被周边的同学无意地开玩笑说"某某君好像女孩子"。因此，纸上所写的内容大概也是他希望表达自己对于同学们强加给他的评价的反抗的心情。

太田：也就是说，这堂课也成了男生对于积压内心已久的不良情绪的一个倾诉契机。我想这样意义深刻的课堂哪怕只有一次，也足以改变孩子们今后的人生!

星野： 那次课结束以后，我就想着，下次一定要找机会跟孩子的监护人也好好聊聊。这是因为那次课上那个说"女生很差劲"的男孩子听见同学们纷纷表示该行为很让人讨厌时曾这样小声嘟囔："其实我也不喜欢'因为是男生'或者'因为是女生'的话语。""但如果我真这么说的话我爸一定会生气的……"

鉴于这些，学校的通信部将这堂课的内容记载了下来，并这样写道："似乎有很多孩子都是在身边监护人的影响之下逐步强化了'性别偏见'的意识。经过这堂课，也许今后孩子将对您的这类言论持有不认同的意见，届时请您不要生气，而是冷静地审视自身言行，并真诚地夸赞孩子们在'性别平等'的意识上得到了提高。"家长们如果把愤怒的矛头指向孩子，那么实质上就是对我这个班主任的不满。当我把学校做的这件事情也告诉孩子们之后，班上的孩子们似乎都松了一口气。毕竟，公然和父母的价值观唱反调对于孩子们而言着实是件恐怖的事情，您说对吧？

太田： 确实如此，毕竟对于那个年龄段的孩子来说，父母亲是绝对权威的存在。这样一来他们内心也提心吊胆——要是被父母们知道自己在学校说了有悖于父母价值观的话，父母岂不是会很伤心、很生气？我认为当孩子们在学校勇敢地说了这类话语时，像您和学校通信部的这种支持态度对他们来说也是非常重要的；而对于孩子的父母而言，大概也会因此意识到自己不知不觉中的很多言行都正在被孩子们视为行为样本，更从没想过自己出于好心无意中所说的话语竟然被孩子们从正面当成了某种问题，并由此对自己是否应该改变既有的言行模式产生一定的动摇和怀疑。如果对于孩子们的种种提问和启发也能侧面成为家长们反思和成长的话，那会是最为理想的结果。

星野： 经历过那次课堂以后，我切实地体会到被父母亲人强加的"性别规范"正在向连同小学生在内的孩子们灌输"男尊女卑"的价值观，正在损害孩子们本该有的纯真和善良。很遗憾，即便是在高年级开始进行上述的性教育，男生们也大都不会怎么理睬。而低年级的男孩子们则因为还处在较为纯真质朴的年龄，所以用同样的方式方法进行教育，他们总是能够积极地进行响应。

"蠢蛋男孩"一词的潜在危险

星野： 一般我们习惯将孩子们的成长阶段划分为三个阶段，即将托儿所、幼儿园以及低学年划分为一个时期，随后依次是中学年和高学年。如果孩子们在托儿所和幼儿园阶段时，身边的亲人或保育园无意识地将"男孩子应该喜欢蓝色，女孩子应该喜欢粉色"这样的性别标签给到孩子们的话，那么孩子们会在上小学之前在无意识中被牢牢打下"性别偏见"的根基。不过，在这个时期打下的根基还不算特别牢靠，仍有可以修正到正常轨道的机会。因为这个时期的孩子相对比较容易被父母或老师等身边亲近的人所影响。

太田： 还处在父母教什么会好好听的很单纯的时期呢，对吧……

星野： 对。但是一旦步入中学年，也就是进入"盗匪年纪[①]"的时期之后，相较于父母或者教师而言，他们更加倾向于把同伴

[①] 这个时期的孩子更倾向于把同伴之间的规则或价值观等放在第一优先的位置，而不是父母或者老师。

之间的规则或价值观等放在第一优先的位置。这一点不论男孩女孩均是如此，而这个时期的"性别偏见"也将进一步牢牢地固化在孩子们内心。

尤其是男孩子，他们将在这个阶段形成"男性同型社会性"的雏形，对于"男子汉"的霸权争夺也逐渐日趋激烈起来。具体表现为揶揄或者蔑视男性同伴中稍显孱弱的男生，以及对女生开带有"性色彩"的玩笑或者做一些嘲弄女生的行为。

太田：比如说掀女孩裙子，通过一些带有性方面的言语激恼女孩，拿女孩取乐等等。

星野：是的。通过这些行为，孩子们之间的"男尊女卑"的价值观又将进一步牢牢地被固化。而大人们对此经常也只是用"男孩子就是蠢蛋"一类轻描淡写的说法，睁一只眼闭一只眼地默许了他们的行为……

太田：的确呀，现实里经常有这样的现象。"谁让男孩都是大笨蛋啊"的说法，我在抚养孩子的时候经常听见。我觉得只是靠一句简单敷衍的"谁让男孩子都是蠢蛋"的话语恐怕将会进一步纵容和放大男孩子们或暴力、或鲁莽，甚至变成经常出现的性骚扰行为。所以，我也深信这句话存在很大的问题。

星野：男性学研究学者田中俊之先生曾说，证明"男子气概"的策略中有"成就"和"标新立异"两项。"成就"是指在学业及运动竞技中取胜，姑且还算是正向的努力，但是"标新立异"

则大多是和大人的期待背道而驰的言行举止。

太田： 硬是要做些愚蠢或者危险的事，是吧……这个一方面可能确实是因为个人性格，但确实也表现在年轻年龄段的特征上面。反正我家二儿子身上现在就有这种感觉。

星野： 所以，我认为在这种时候说"男孩子都这样""男孩子就爱调皮捣蛋，跟笨蛋似的"这种话，某种程度是在为教育男孩路上试行失败的家长找借口、找台阶的一种方式，然而，这样的行为却也会助长男孩子们往错误的"男子气概"方向进行竞争。不管是"成就感"还是"标新立异"，如果不能遵循正确的竞争机制和竞争方向，则很容易演变为"看我多了不起"的炫耀型行为。

太田： 就变成男生之间的互相"掰头"和比赛了呢。

星野： 对。如果因此打下"有害的男子气概"的基础，那就麻烦了。

从这个时期开始，男孩子们就会潜移默化地把互相表现出来的"脆弱""不安""痛苦"定义为"没出息"，同时也被迫地学着在这样的价值观中适应和生存。这会导致他们很难将内心的负向能量进行外部语言化，也会阻碍他们同情心和沟通能力的发展。也就是受周围大环境和行为模式的影响，其原本能够获得的"直面自己内在情感"的能力和机会被无形中剥夺了。

太田： 我对这一点真的非常非常深有体会！一旦开始"互相'掰头'的比赛"，则"我为什么要做这件事？这件事有趣在哪儿"

对于孩子们来说可能已经不了解、也不重要了，就算你跟他说"你好好想想，就算赢了又到底有什么意义呢？"也根本起不了什么作用……

而女孩子们则一般从小学阶段就已经开始学着发展"彼此共情"的朋友关系了呢！女生经常会写"交换日记"。低年级的男孩子们实际上也有这样的欲求，只不过随着年龄的增长，男孩子们不得不在这种情绪发展的道路上开始渐行渐远……

太田：确实是啊。但这是为什么呢？

致未来的男孩们

是什么阻碍了"情感语言化"?

星野: 致力于帮助人们进行"情感社会化"、儿童心理疗法以及家庭心理疗法的大河原美以女士(东京学芸大学教授)做出了这样解释:首先儿童们的内心情感比较外露,对此孩子们会接收到来自于身边大人的"情感认同"以及"情感语言化"的信号。例如"很痛吧?""很可怕对吗?""你觉得很不安,对吗?"等等。通过这样,孩子们能够从中获得安全感,以及逐渐学会将自己的内外情感进行语言化。然而实际情况却是,很多周围的大人通常习惯于否定和压制孩子们的负向情感。其中最典型的就是,当男孩们在道路上跌倒时,提前预测到男孩爬起来之前很有可能马上就要哭的家长们通常倾向于先发制人,说:"不痛不痛!"

太田: 啊……这真的是很常见呀。我感觉我经常能在别人家或者某个公园里看到某个孩子正在经历这样的场景。有很多大人都会对下一秒马上就要哭出来的男孩子采取"你可是男孩子哦,一点也不觉得痛对吗!""你可是男子汉呢,别哭别哭"这样鼓励的口吻。可是,跌倒了感觉疼痛明明就是很理所当然的事啊!

星野：对。也就是说，实际上此时那个跌倒的孩子肯定觉得被疼痛、惊吓以及不快等情感包围，这是客观事实。如果此时大人能够走过去适当地共情，对他说："很痛吧，痛得让人想要哭对吧？没事，想哭你就哭吧！刚才一定很害怕吧！……"通过帮助孩子们对不愉快的情感进行语言化，孩子们便能第一次认识到"这很可怕"以及对应的"可怕"的感情，并进一步接纳自己内心的真实感受。只有当孩子们反复地在类似这样的情感体验中体验到即便自己袒露了"挫败"等负面情绪他人仍旧会接纳自己时，孩子们的情感才能得到更加全面的发展。

但是相反地，如果在开展"语言化"之前孩子们得到的反馈是"这一点儿也不痛"，"别哭，你最棒了"，那么孩子们将会逐渐明白自己的负向情绪是不被接纳的，进而抑制和掩饰自己真实的情感。那么最终会导致什么样的结果呢？那就是逐渐变成"两极分化"状态。比如在家的时候言行举止遵循父母的期待，但是到了学校就变得无法克制自己的负向情绪，甚至对同学诉诸暴力言行，等等。这类孩子非常多。

太田：因为在家里时，负向情绪被过分地压制了吧！

星野：不过，从一定程度来说，或许懂得通过暴力言行来发散自己的情绪的孩子还算是好一点的，有一些孩子，他们只能通过自虐自伤行为来排遣内心无处安放的情感。

现在校园中流行的说法"被苦所逼迫的孩子"中有八成以上

都是男孩，我听了觉得大跌眼镜。当然，这个数值并不是出自于官方统计数据。但是就我自己在与孩子们朝夕相处的体验来讲，对此还是有很深的体会的。在最新的脑科学的观点中，男性脑和女性脑（主张因"性别"差异导致的天生的"脑构造"的差异）被指缺乏依据、有失妥当。尽管如此，但我想，当我们去思考"为什么会产生这样的差异"时，或许更应该深入地思考"也许正是因为这样的'性别规范'差异，才会致使'情感社会化'的失败"。这，可能才是更为妥当的追溯方式。

太田：或许，这就是"当今社会下最为典型的对待男性的态度已孕育出诸多问题"的表现之一。

星野：大河原女士论述道："如果这种两极分化过度蓄积，那么下一步将面临'情感恐惧症①'的状态。"这是一种害怕触碰自己及他人的情感的回避型心理状态。也就是说随着"两极分化"的不断加深，那么最终患者将变得连自我的内心情感都无法识别。同时，也正是因为缺乏对他人情感的感知力，所以，比如在触碰到来自于同伴某种强烈的情感时患者会倾向于停止进行进一步的思考以及拒绝进一步的交流。

为了能够应对某些强烈的情感，人类需要通过"语言化"对这种情感进行"对象化"。然而，缺乏这种能力的人通常却只能

---

① 情感恐惧症：以恐惧症状为主要临床表现的神经症，表现为情感恐惧、情感回避、对某些特定处境产生恐惧和焦虑的情况。

通过依赖于酒精、性行为、赌博或者自伤等行为，来回避自己或者他人强烈的情感。

齐藤章佳先生（精神保健福祉士、社会福祉士）曾经提出"色狼"的本质就是"依赖症"。与其说实施色狼行为的人是期望借由"性欲"来获取"依赖"，则不如说是通过"性欲"能够获得"支配他人"的满足感。所以，我认为这也是一种因"情感恐惧"而起的依赖症。

致未来的男孩们

如何帮助他们实现情感语言化？

太田： 听您讲这些，我想起在离婚案子中经常能够遇见的"无法和丈夫沟通""觉得这个很重要，所以很努力地想要传达给他，可是他却表现出一副'这个话题已经结束了''不想再听了'的样子，结果就是我被无视了，于是我只好把嘴闭上"等无法取得良好沟通的现象。再比如，那种因为内心情感种类匮乏，虽然内心实际上是"悲伤"，但却会立即错误地转化成"愤怒"的男性在离婚案件中很常见。对于这些人来说，他们是很难通过话语取得良好沟通的。即便是那些在社会中已经确定一定地位、表面看起来一帆风顺的人，只要你进入他的亲密圈，建立了亲密关系，那么上述问题也将很快地显露在你面前。

星野： "愤怒管理[①]"的观点认为，"愤怒"只是二次情感，而在"愤怒"之前先产生的情感也是"悲伤""不安""嫉妒"等等。那么首先，能够多大程度上认识到自己的首层情感是非常重要的，

---

① 心理学领域的一个概念，是指用以控制愤怒感或者减轻怒气的一套技巧或者练习。

其次，如何有技巧地进行语言化也是非常有必要的。

太田：在与清田隆之先生对谈时，我们也曾经谈到过男性"情感语言化"的能力比较低。所以，"情感语言化"是非常重要的关键词，对吧？清田先生也将这种情况称为"对自身情感的辨别能力很低"，我觉得这是很贴切地表达。

我也曾经在儿子哭泣的时候尝试让他用语言描述清楚哭泣的理由，但是他最终还是没有描述出来。所以想必如果不在日常生活中多多对自我情感进行语言化练习的话，那么这种能力并不能一朝一夕练成的吧！那么，到底应该怎么做才好呢？

星野：本来对于词汇积累比较欠缺的孩子来说，就算让他尝试用语言表达出来，估计他也是做不到的！这种情况下，像社会生活技能训练（SST）那样的方法有的时候也能起到一定效果，其中比较有名的一种方法是利用"心情温度计"来对自身愤怒的情况有直观形象的了解。至于其他的话……也有名为"情感邮局"，通过选择对应的"颜文字"来对自己内心情感进行各种表达和对应的方法。类似的工具还有很多，积极尝试看看说不定能收获不错的效果。

太田：原来如此。"语言"的前一个阶段是"颜文字"啊，我也想给我儿子试试看。

渗透在校园制度中的"男性优先社会"的价值观

星野： 不仅在家庭内部，其实校园中也有很多地方能够反映"男性优先社会"的价值观，同时不得不很遗憾地说，就连教师之间也有着很高的性别偏见意识。

我这就有一个认为可以称为"校园问题"的现象，那就是：现在很多校园里不是都有关于"操场使用方法"的规则，比如每周几会有对应的指定种类，例如周一足球、周二棒球等等，对吗？然而除此之外还有一个不成文的规矩，那就是"基本上来说，这都是男生之间的游戏"。

太田： 啊……原来是这样。

星野： 结果，占据在操场中心位置游戏的通常都是男生。您不觉得这种现象本身就反映着"男性优先社会"的事实吗，非但如此，这种行为一定程度还在不断地加剧和巩固这种价值观吗？再看女孩子们喜欢的游戏方式——虽然说这个不能以我们的主观意志而转移——但是，为什么她们就几乎进不去操场的中心位置呢？我觉得这就是"角色意识"在不知不觉中被加剧、被巩固的表现。

太田： 确实如此。我儿子他们学校会是什么样的情况呢？我还确实没考虑过这个。

星野： 我觉得老师们应该在这些方面多加留心。我们这些为人师者不仅仅要在言语上告诉孩子们应该有"尊重多样性和男女平等"的价值观，还必须针对学校中渗透的"性别不平等"的种种现象多持一些敏感和关注。

太田： 对啊！有研究表明，男子学校出来的男性会更容易牢牢内化"性别歧视"观念。特别是对于从知名的男子学校出来、又考入重点大学的男孩子们来说，如果他们大多据守在企业、政府的核心位置或者据守在决定着企业和政府的重要意志的位置的话，那么日本社会的"性别不平等"指数将无法得到改善。

星野： 滩中高等学校的片田孙朝日老师在《男孩的权力》一书中说过这样一段话：儿童不但正被周围的大人所强化和影响着，从某个角度来看他们更是"权力"的制造者。在战后的"儿童中心主义"教育理念中，即便孩子们做调皮捣蛋的行为，也会被大人们认为是"儿童主体性的表现"被一再容许。这或许就从侧面容许了"男女不平等"以及"有害的男子气概"等不良价值观的再次强化。

太田： 这一点我也很能理解。孩子们的确是在很年幼的时候就开始无意识地接受来自社会各方面的影响从而形成性别歧视的价值观的。所以,我日益觉得为人父母的非常有必要在孩子们很小的时候就有意识地介入到孩子们的价值观教育当中,绝对不能任由孩子们"自然生长",全盘吸纳社会上的"性别歧视"的价值观。

星野: 对。所以,片田孙先生不仅肯定了来自大人的"权威性"的管理教育,还认为社会应该思考如何才能利用"非权威性"的教育方法进行介入教育。

太田: 若要纠正当今社会现实存在的性别偏见和不平等,那么就必须要对这些行为有所甄别,然后在这个基础上时常对照孩子们的行为及时地加以矫正。这是非常重要的方法。如果我们不能持续地在孩子们成长的各个阶段进行恰当的介入教育的话,那么身处于这个"性别歧视"构造极强的社会中的孩子们就很容易在成长过程中持续无意识中接纳很多关于"性别歧视"的价值观,而这也是孩子们成长过程中存在的最不确定性的地方。孩子们的成长速度是如此迅猛,乃至于如果我们不尽快采取行动,则将错失最佳的干预时机,后悔莫及。

星野: 确实是啊!我深感在实际教学过程中尤其是"调皮的男孩子们"对于男老师和女老师的态度和反应都是非常不同的。随着年级的上升,他们开始不尊重他们认为"软弱的""温和的"女老师并不认真地听女老师说的话。我认为学生与老师之间的权力斗争直接导致的是年级或者班级的无序和混乱。到了"盗匪年纪"的男孩会开始想要挑战老师的权威,那这个时候在这场斗争中处于"脆弱""温和"的女老师便毫无悬念地处在了相对不利的位置。但是,我认为酿成这种局面的根本原因是在此前的教育过程中老师们并没有及时地掐断男孩子们"男尊女卑""权力争夺"的思维萌芽,而是一而再,再而三地放纵和容许错误观念产生的后果。

"承认弱小"何尝不是一种"强大"?

太田: 但我认为在现实的教育一线中有这种教育意识并且坚持实践的老师还是少数。那么星野老师是通过什么样的契机才切实关注到这类教育的呢?

星野: 我本人从小就是在父亲的"给我有点男子汉的样子"贬损中长大的。虽然对这类侮辱性的语言打心眼儿里抗拒,但也一度对此深信不疑。虽然现在回想起来倒是能够对父亲多了一分理解,知道他也是从小在这样压抑的环境中长大的,被迫让"有害的男性属性"的意识所腐蚀。

一方面,我对那样的父亲感到很反感,但另一方面又因为自己早已被"有害的男性属性"的意识影响,所以曾经深深地为自己"不够男人"而感到自卑。其中一个是从来不自称是"老子",再一个是对"开车"这件事不擅长到了几近绝望的地步。(笑)若单论"要不会开车就换一个人来开"这句话来说,那么对于囚困在"男性属性"的男人而言,这就基本等同于是一种"失败"和"耻辱"。那么男人就会担心自己被人看扁,就会想要不断努力攻克它。

因为我自己也曾经被那样的意识支配过，就会想着既然我不会开车那就学骑摩托车吧，于是就会特意去考摩托车驾驶证、特意买很贵的摩托车……就好像只要会骑摩托车就能抹去"不会开车"的自卑感似的，（笑）但其实内心说实话一点也不喜欢摩托车。说到底……果然是被媒体散播的"男子气概"思想所摆布啊……这是我的黑历史了。（笑）

太田：这就是来自于社会的枷锁呀！虽然内容各有不同，但是"男子气概""女孩子要有女孩子的样子"一类的枷锁，男性、女性身上都有。我觉得自己也是在这样的枷锁下不断在试错总结、不断留下自己都觉得不堪回首的黑历史中坚强成长起来的。虽然也不敢确定自己是否已经完全从社会赋予女性的条条框框中解脱出来了，但是我想我们至少能够清楚自己应该对这类桎梏保持怎样的警觉以及应该如何正确地化解，您说对吧？

星野：嗯。因为我也是近期才从这样的枷锁中逃脱出来的，所以很想对同样被这些条条框框困扰的广大男性朋友们说："其实大方承认也是一种解脱。为了让我们能够自在洒脱地活在这个世界上，我们应该在必要的时候舍弃我们所谓的'男人的自尊心'。其实，这又何尝不是一种'强大'的体现呢？！"

太田：也就是转变对"强大"的刻板印象，对吧？

星野：对。现在的我回过头去看看，像那些"强迫让自己骑上摩托车"等的无数个因为"男子气概"的精神枷锁和支配下产生的行为，其实一点都不幸福。如果一直被枷锁束缚的话，我们自己的人生主导权也会被一点一点剥夺掉。

如果想使这种枷锁得以解除，那么还是需要接受关于"性别"的概念的重塑以及相关学习的。这样一来，也将会有越来越多周围的人开始关注这个话题。即便你有一些感到很难为情或者很自卑的过去，但倘若身边有能够愿意接受和认可你的朋友，那么你也是能够敞开心扉、畅所欲言的。现在的我相较于以前来说更有"掌控着自己的人生主导权"的感觉，内心感觉很幸福。但是我认为比如像我的父亲他们就是对"家长权威性的言行"深信不疑的。那些深受"男子气概"侵扰、实施家暴等行为的父亲们正是因为被"男子气概"的枷锁和魔咒所支配，所以才无法把握自己的人生主导权的。在我看来，他们应该是很不幸福的。

现在我并不会觉得自己不擅长开车就应该感到羞耻，相反，我会大方地承认自己不擅长开车，也会跟周围的人传达"有人不擅长开车也是无可厚非的"的观念。所以，与其说为自己"不会开车"而感到羞耻，不如说"幸好我不会开车"。

太田：原来如此。如果社会上能够出现越来越多从枷锁中解放出来的、富有男性魅力的行为规范出现就太好了。不管是现实当中的大人也好，还是漫画或者小说中的角色也好，我都这么认为。

如何让男性获得属于他们的"神圣特权"意识

太田： 我觉得在教孩子们"性别歧视"的过程中，女孩子们能够很容易从"大学医学部入学考试的分数差异对待"等问题中感受到某种"男女不公平"的意味，但换成男孩子就很难感受到这类行为后面的"显而易见的不公平"的含义了。也有很多人对当下"穿拖鞋"的行为无所察觉，就算发现了也很难知道"脱下拖鞋"的价值是什么。总而言之，尽管这些看起来都是些简单粗暴的行为，但是一旦只顾着自己，那么也许就很难会有"希望改变性别歧视结构"的强烈的行为动机了。不过，反过来说，也许也会有不觉得自己因为"男性"的身份获得了什么红利，也并不觉得自己是拥有作为男性独特的"特权"的男孩。

那么，该怎么向这种男孩及其家长传达"性别偏见是关乎所有人的问题呢""你也应该对此有所思考呀"等观念从而让他们也具备"当事人意识"呢？

星野： "男性特权"和"女性歧视"其实就像是硬币的正反面，您说对吧？研究社会福祉学、教育社会学的出口真纪子女士

（出口真紀子さん，上智大学教授）曾经说过："与其在教学讲义上提出'关于女性偏见……'，不如直接写'关于男性特权……'的命题来得更本质一些，因为这样一来更容易激发男学生的学习能动性。"因为如果是"女性歧视"的话题，那么男生们就会觉得"跟我没什么关系"，但是如果话题变成了"男性特权"，他们就会很想知道自己"到底有些什么样的特权"，从而大大激发学习的兴趣。

此外，要说能够使孩子们切实感受到"特权"和"压抑"的行为方式的话，那么也很简单，我给您举个有趣的例子——当然这也是从出口女士那里获知的：首先，在像学校那样整齐排列着桌椅的教室内，将一个大大的纸箱放在黑板前；然后给每个学生手里发放一张纸，把自己的名字写在纸上揉成团；最后站在自己的座位上朝纸箱内投掷纸团。这样一来，坐在前排的学生就能够轻松地将纸团扔进纸箱，而坐在后排的同学们却要相对困难得多。于是，有一些学生就会逐渐觉得"这样的游戏毫无意义"，所以选择放弃投掷。

太田：听起来还蛮有趣的呢。

星野：嗯。老师最后再向学生们抛出一个问题——"座位与黑板之间的'距离'意味着什么？"随后她给出解释：坐在前排的同学就好比在"性别偏见"意识中被异性爱着的男性，或者在经济上获得来自家庭环境支持的"拥有特权的人"，是一群即便走到教室后排也不会成为"像后排那样的境遇"的人。这样一来，几乎大部分的学生都能直观地理解什么是所谓的"特权"。美国等国普遍将这种做法视为"社会的公正教育（Social Justice Education）"实践进行研究，并普遍地在连同学校在内的相关组织中推行。

太田：我感觉这个必须也让大人们体验体验。因为尤其有很多通过自己的努力获取成功和恩赐、认为社会结构以及每个人的天生条件并不存在着差距的人。即便真的是通过努力获得了期望获得的东西，他们也可能还是会认为那是因为现实情况中存在"允许努力"的大环境，被这样的环境所恩赐才取得了成功，这并不是什么"偶然的幸福"。

星野：我也曾经体验过出口女士的课堂，她在这个课堂实践的最后这样说明："这个教室里反映着的正是现实的世界。如果想改变像这个游戏中出现的现象一样的'不公平'的社会构造，则就需要觉察到'拥有特权'的人及时尽早地采取行动。坐在教室前面的人，如果只是看方位的话，可能并没有觉得自己受到了优待。但是，如果这些人后知后觉地发现自己正站在'特权'的位置上，并且安于待在'特权'的舒适区中无动于衷的话，则将进一步加剧和扩大这样的社会构造。"

太田：也就是说，在"差别构造"中占据特权的一方应该行使这种特权并采取正确的行动，对吧？确实如您所说，如果已经意识到自己拥有特权但却不做力所能及的事情，则反而会加剧和放大这种社会构造。或许我本人也曾在无意间就某个"差别问题"上采取了消极的"加剧"行为……想到这里我不由得感到不安，不过我想如果有我也能够力所能及的事情，那么我应该积极地去行动。

星野：著名的社会学者皮埃尔·布迪厄[①]曾经有句名言，叫作——"被排除者的通透"。也就是说，如果放在当下学校的模型中来看，因为被特权排除在外的一方能够清晰地从教室的后方看到"差别化的构造"，所以就能相对较清晰地理解这个世界。而另一方面，拥有特权的一方则可以装作不知道，继续若无其事地生活下去，因此就无法具备这种"通透"。若想要孩子们能够拥有从自己的座位上回头望向自己身后的教室的自省和自知能力，就必须给予孩子足够的知识储备以及相应的学校教育。

太田：因为我家儿子年纪还小，所以我想，即便我告诉他们，他们作为男性拥有属于男性的"特权"属性，他们大概也无法理解。但是不管他们处在怎样的立场，我都希望他们能够拥有与和自己立场完全不同的人在内的、兼容所有人的想法的意识。在"宪法沙龙"活动中我感觉日本社会中通常缺乏"人人都应当担负起构建更良好的社会的责任"的意识……这种意识还是不太强的。

[①] 皮埃尔·布迪厄（Pierre Bourdieu，1930—2002）：法国社会学家、人类学家、哲学家和公共知识分子，英国卫报评价他为"许多人心目中的当代学者"。

拥有特权的一方做出行动变化

星野：说到"拥有特权的人应该有所行动"，这一点其实也适用于实际的教育现实。比如说，无论孩子的母亲多么殷殷期盼孩子能够考上某所学校，孩子都完全听不进去，但是，这些话语若是从父亲嘴巴里说出来效果就完全不一样。对于这些有所差别的问题上，拥有"特权"的人发声的效果要比没有"特权"的人高上好几倍。这就好比发生性骚扰事件时，不管女性再怎么抗议，其结果都只是被人冷嘲热讽"真上纲上线……"而已，并不会把她们太当回事。然而，如果是周围的男性说："不过怎么说呢……这确实不是什么好事！"那么男性群体才可能会开始认真地接纳这种意见。

这当然也是"当今社会是一个男尊女卑的社会"的一种现实写照，不过，因为它本身不是"代表被害方的利益"的言论，所以这种言论也称得上是相对客观中立的，所以才相对容易被信服和采纳。作为男性，应当在知晓自己身上拥有着某种意义上的"特权性"和"发言权"的基础上，学会积极正向地行使这些权利，协助和引领社会向正确的价值观前进。

太田： 就像是"高贵者的义务[①]"一样，对吧？既然拥有某方面的特殊能力，就应当肩负起正向行使这项能力的责任。

星野： 对。就好比对于孩子的教育，也是如此，纵然学校里始终有一些有心的老师在教育一线努力地耕耘着，但因为其中还有很多光靠老师无法直接改变的东西，那么如果这个时候孩子的监护人，尤其是孩子的父亲能够凝心聚力发表正向的意见，则事态就很有可能有所扭转。这一点我深有体会。因此，倘若想要自己的孩子接受更良好的教育，那么做爸爸的就应当明白自己作为孩子父亲所拥有的"特权"，并坚定地行使"特权"后面的"责任"！

太田： 在我养育两个儿子的过程中我感觉自己很容易能够想象男性的"人生模样"，也很容易经常有类似模拟体验的感觉。所以我想那些家有女儿的父亲们应该也跟我差不多，也会在养育女儿的过程中体验到有别于自身性别的"模拟"的人生体验，然后会重新意识到那些对于女性不利的方方面面。我所认识的一些家有女儿的父亲朋友们也是如此，他们通常容易对"性暴力""入学歧视"等问题表现出更为明显的敏感度，会更容易为这些感到愤懑不平。不过，即便如此还是不得不承认现实当中还是有些对

[①] Noblesse oblige：直译过来是"高贵者的义务"。因为中世纪的贵族拥有"特权"的同时也被认为是上帝授权，肩负着供养人民的义务，所以后来常指位高尊优者负有实现社会某些正向的使命的责任。

此无动于衷的人。既然是这样的话，那么我希望，至少先从发现了问题严重性的人开始，以身作则、行动起来吧。

星野： 嗯，现在也有越来越多的男性开始意识到"性别不平等"是社会上的一种畸形价值观。也就是说，现实中很多男性不仅对"性骚扰"行为感到反感，也很排斥"职场PUA""过劳死"等恶习横行的、以男性为权力中心的社会价值体系。

我想，通过对于"有害的男性属性"的激烈讨论，人们已经逐渐对于"传统认知中的男子汉的价值观已经对男人自身造成了反噬"的认识有了较深的认识。只不过，如果这份认知过分强调了"男人已然水深火热了"的那部分，那么它也就很有可能被某些不怀好意的人诠释为"男人在性别差别构造中拥有'被特殊赦免'的权利"。所以，为了能够以"男性生存之难"为切入口让更多人发出"连男性都很憎恨这个充满性别偏见的社会"的呼声，我们有必要设置更多能够引发大众对于"特权"进行思考的、公正的社会性教育。

太田： 我非常赞同您的观点。我最近也切实感受到了身边逐渐出现越来越多像星野先生您一样，坚信"男性已然水深火热"的呼声有着重要意义以及坚定地认为所有人都应当明白"这种事情在'性别差别构造'中非常敏感"的男性，所以内心感到非常的欣慰和鼓舞。

只要有一个人能够站出来勇敢发声、只要有人能够有"既然这样,那我要不然也把一直藏在我心底的话说出来吧……"的觉悟,那么这些星星之火都很有可能会在冥冥之中成为他人勇敢的后盾。由此,我更加期待这些力量能够聚沙成塔,为这个社会带来更多的良性循环。

星野: 不过,即便如此,可能仍有一部分人会认为"这是对男子气概的降维打击",或者,还会有一部分人不禁要为"如果为这些事情发声则是在变相承认'以男性为中心的价值体系'的全面溃败"而感到惴惴不安。那些内心早已被"厌女情结(Misogyny)"内化的大多数男性就会觉得无比恐惧。但是,越发仔细揣摩那些令人感到不安或者恐惧的"男性优先社会"的形成机制,就会越发觉得这种"恐惧"是能够得以克服的……

精神科医生、人类学者宫地尚子先生(宫地尚子さん,一桥大学教授)针对"身心创伤"打了个比方,他将"这个社会是如何对待'身心创伤'的",以及,遭遇身心创伤的当事者和非当事者各自所处的立场以及双方之间相互作用的力比喻为一个"环状岛",并加以研究。所谓的"环状岛"是指酷似围绕在火山口周边的一圈圆弧岛。当然了,这是对于经由一次一次特定的身心创伤而形成的"环状岛"的一个形象比喻——这些处在"身心创伤的漩涡"之中的人如同被淹没在火山口之中已然痛苦到无力为"身心创伤"的问题发声的地步;而那些能够为"身心创伤"发声的人则处于远远的环状岛的陆地之上(如图)。

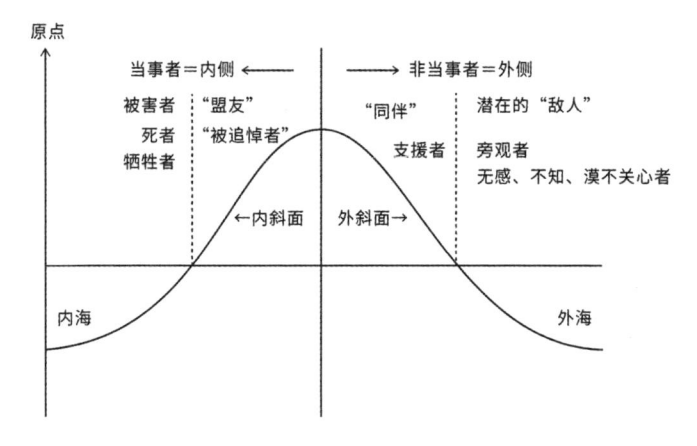

```
原点
         当事者＝内侧  ←   →  非当事者＝外侧
         被害者    "盟友"    "同伴"      潜在的"敌人"
         死者    "被追悼者"   支援者     旁观者
         牺牲者                        无感、不知、漠不关心者

                      ←内斜面  外斜面→

     内海                                          外海
```

示意图　身心创伤的环状岛

出处：宫地尚子，《环状岛效应——身心创伤的地缘政治学》，美篶书房，2007 年，第 92 页

宫地先生解释道，"内斜面"（从火山口的水面到山脊区域）中站着的是"身心创伤"的当事者，而"外斜面"（从山脊到环状岛外侧区域）站着的则是"身心创伤"的非当事者；火山口的"水位"会因为社会现实状况的变化而发生巨大的波动。当"水位"下降则意味着对于"身心创伤"问题发声的人数增加了。

如果大家对于"性别差异化的社会"的质疑和申诉越来越广泛，那么潜藏在水面之下的、男性的"我们也很厌倦这样的社会"的呼声也将陆续地浮出水面。

我认为，女性群体通过"MeToo"运动发出女性的呼声的同时，也误打误撞地将潜藏在男性群体中的隐性的"生存之痛"暴露了出来。

第四章

如何对孩子开展性教育

第四章｜如何对孩子开展性教育

在前面的章节中，我写了日常生活中大人们对于男孩的接触方式、围绕发生在男孩身边的社会现象中我所感知到的问题，以及提出了"当下社会对于能够促进社会平衡相对化的性教育、消除性别偏见方面的教育方面还比较欠缺"的观点。其中最让我觉得迫在眉睫的是——如何针对男性进行具体可行的教育，从而减少"性暴力"现象。

为什么必须开展性骚扰、性暴力教育

我从来没有设想过自己的孩子们会成为"性骚扰、性暴力的施害者"，甚至觉得只是在脑子里设想了一下就是对孩子们的不尊重和侮辱。不过话说回来，现实世界中有很多成人施害者，或许他们是打孩童时代起就无意识地形成了这类意识。至于人为什么会成为性骚扰、性暴力的施害者，原因错综复杂，并不是简单的一两句话就可以概括清楚的。但是，难道作为大人的我们就不能在孩子们还在孩童时代着手开展对应的教育或者处理方式来尽力消除孩子们有朝一日成为"施害者"的萌芽吗？

就算只是极其小的可能性，只要我们发现孩子们身边存在促使他们在孩童时代就染上性骚扰、性暴力恶习的苗头，那么我们就有必要尽早地进行相对应的干预教育。举个很现实的例子，当孩子们还很小的时候，作为哥哥或者弟弟的就已经学会在家庭内部使用性别虐待，这种例子在现实中并不少见。

最近，奈良县一所中学里曝光了一起十多名男生合谋，利用智能手机、微型录像笔偷拍女生更衣室以及女生裙底，并将录像内容散播在社交软件上进行兜售、牟利的事件。

我认为，本来校园里的性教育就不太充分，致使孩子们无法接受充分的"预防性暴力"的教育，所以当孩子们的性骚扰、性暴力举动突然显现在大人们面前时，大人们不由得开始追溯"为什么性暴力行为一开始就不被人容许"这一根本性问题，而后他们发现——很难开展相关教育。而对于现实当中不会成为"施害者"的绝大多数男性而言，性暴力到底意味着什么？会给被害者（大多为女性）带来怎样的影响和创伤？又将如何在充分理解上述问题的基础上对孩子们进行正确的教育呢？……他们心里也根本没底。

所以，针对如何防止意外怀孕、针对一开始就因不幸的性行为或交往方式而产生的性暴力，以及如何通过教育预防男孩们不自觉地成为下一个施害者，我谨作出如下个人的思考。

性骚扰、性暴力到底是怎样的行为

虽然很自然而然地用了"性骚扰""性暴力"两个词，但我还是想重新郑重地说明一下这两个词在这本书中到底是什么样的含义。这两个词都不单纯是冷冰冰的法律词汇，更是一种对他人"性尊严"的伤害行为。

"性暴力"有很多种含义，可以从广义的角度看，也可以从狭义的视角下理解，但在这里，它是指"违背对方意志实施与性相关的行为或事件，且该行为或事件都或多或少与犯罪行为挂钩"。它既指强奸或强制猥亵、色狼骚扰等违背对方意愿的性方面的行为以及带有性含义的肢体性接触行为，也指偷拍、偷窥、盗取内裤等行为。以上统统都属于"性暴力"。

一方面，性骚扰也涵盖了不构成犯罪的行为，所以从概念上来讲会比"性暴力"宽广得多。关于"性骚扰"的定义也可以从广义或者狭义两种角度来理解，但在这里它是指有违对方意愿的性方面的言行、性方面的烦扰以及性别偏见（或歧视）的言行。例如，虽然也是违背对方的意愿，但是还无法清晰界定为是否属于犯罪的、微妙的、轻微的身体接触（比如捏肩、摸头发、几乎零距离地贴身站着嗅对方身上的味道，等等），用带有性含义的语言中伤对方的容貌引起对方反感，从上而下凝视对方的身体，故意把色情刊物放到他人视野范围内以及"端茶倒水那是女人的活儿""男人只有结了婚才算男人"等性别歧视的言行或歧视"性少数者"的言行……以上均属于性骚扰的例子。

即便自己不直接涉及性骚扰行为，但对于遭受到性骚扰并揭发控告施害者的被害者，有很多人都习惯于毫无根据地蔑视或者嘲讽被害者——"恐怕是一个巴掌拍不响吧！""她就不该让人家误会！""搞不好是美人计，醉翁之意不在酒呢！"又或者觉得又不是什么大不了的事，也太过于上纲上线了吧等等，在这个社会上非常常见。这些行为都可以被认定为"二次侵害""二度强暴"等。我甚至认为这种"二度强暴"行为也可以等同于一种"性骚扰"。

通过"性骚扰"这个词，我们能感知到大部分女性正在经历着的很多痛苦已经逐渐变得正名化、可视化，但也正因为"语言"这种东西过于宽泛，所以反而也容易被轻描淡写。在区分"性暴力"及"性骚扰"时，我希望大家不要把"性骚扰"放在"更轻微"的位置上，我想跟大家强调的是"性骚扰"同"性暴力"一样，对人们有同等程度的伤害！

在语感上，把"带有性意味的侵扰（Sexual Harassment）"

缩略为"性骚扰"有种相对便利的感觉，所以有的时候也不得不质疑我们的内心是不是也会跟着无意识地淡化了这个行为本身。所以在此我想再度强调，我在本书中所用到的"性骚扰"一词，都是基于认定"性骚扰绝非只是骚扰那么简单，它是到对他人的性尊严的践踏"的基础上使用的。

不管是在私人生活历程中，还是通过律师身份，我都能深刻体会到"性暴力"和"性骚扰"究竟给多少人带来过巨大的身心创伤。成为律师之前的我只是笼统地觉得自己想从事能够帮助性骚扰或性暴力被害者的工作，因为我觉得自己也曾经有过被侵扰的经历，而且性骚扰或者性暴力行为也是践踏人类内心深处最脆弱最敏感的地方的、伤害被害者尊严的、不可容忍的行为。即便我的主观愿望如此，但还是能感觉到这个社会对于此类行为的轻视以及错误地对待。因此，在我的余生里，我愿将永恒不竭地思索"如何才能使性暴力行为从这个社会上消失"。

"必须告诉男孩"的必要性在哪里？

如何才能使性暴力行为从这个社会上消失呢？当然，这里面有各式各样的研究办法，但我认为通过对每一个男孩事无巨细的"教育"从而预防其成为性骚扰、性暴力的施害者，将是最为重要的一环。因为如果一开始就不存在"施害者"，那么就不会发生所谓的"性暴力"。

光是教导男孩自己不做加害者行为还远远不够，此外，让他们深刻理解什么是性骚扰、什么是性暴力，其行为背后又意味着是什么，并使他们责无旁贷地向被害者施以援手也是非常重要的。

如果对女孩子进行必要的自卫方法教育使其"不会成为被害者"，那么也不会有对男孩子"不要成为施害者"的教育机会。

当然了，大部分的男性并非性骚扰、性暴力的施害者。但是对于女性所受的伤害感同身受的男性确实屈指可数。

坦率地讲，哪怕对于身边发生的性骚扰、性暴力行为也漠不关心、袖手旁观的人实在是太多了。那些对于被害者漠不关心、置若罔闻，甚至嘲讽维护自身权益的被害者"太自以为是""不过是在唱独角戏罢了"的人，即便不是直接的施害者，也是对性骚扰、性暴力的消极的袒护。

我希望，以后的男孩们会把"不进行性骚扰和性暴力"当成理所当然的事情，并且成为"会同女性一起，对性骚扰和性暴力事件感到愤怒，给被害人提供援手"的大人。

数据调查显示绝大多数的性暴力加害者为男性

这么写可能有人会误解我，认为我好像觉得全世界的男性都是性暴力加害者的后备军。当然不是这么回事。但是要让性暴力消失"首先就不要把男孩培养成加害者"，所以我才这么写标题的。

先从事实来看，在现实里发生的性犯罪事件中，绝大多数加害者为男性。比如根据日本法务省的《犯罪白皮书》资料显示，重大性犯罪的加害者有 95% 以上为男性①。另一方面，90% 以上的被害者为女性。这里说的"重大性犯罪"具体来说是指强制交媾等罪行（不以暴力、胁迫为手段实施强奸等行为，而是在对方酒醉等无法抵抗的状态下进行的犯罪行为）。所以刚刚定义的"性暴力"，是就一部分性质特别恶劣的行为进行的数据统计。不过

---

① 根据日本法务省《犯罪白皮书》（2018 年版），强制交媾等罪的检举人员为 910 人，其中女性占 4 人（0.44%）；强制交媾等罪的认知件数为 1109 件，其中女性被害者为 1094 人（98.6%）；强制猥亵罪的检举人员为 2837 人，其中女性为 9 人（0.32%）；强制猥亵罪的认知件数为 5809 件，其中女性被害者为 5609 人（96.6%）（所有数据均为 2017 年）。或许也有统计没有显示的暗数，但性犯罪的加害者绝大多数为男性，被害者绝大多数为女性这点是明确的。

即使就整体的"性暴力"事件来说，绝大多数加害者仍然是男性。

为了避免大家误解，这里要补充一点，男性也有因性暴力被害的人，并且和女性一样也会给自身带来严重的影响。即使是女性被害者们也很难去告发这类事件，而男性据说因为是"男性性被害者"这样的特殊存在，所以很难得到周围人的理解，反而更加难以将情况诉说出来。我认为强调这是一个非常严重的问题一点也不为过。

如果这本书的读者里，有受到性侵害的男孩，我希望你们能够跟你们信赖的大人进行沟通。这些大人绝不会嘲弄你或说出"你想太多了"等话，而是会很真挚地倾听你的苦恼。日本律师联合会的官网上，就有全国律师会儿童人权相关的咨询窗口一栏[①]（加害者也可以咨询这个窗口）。

但是无论被害者是男性还是女性，绝大多数加害者还是男性。也就是，与男性对女性、男性对男性的性暴力相比，女性对男性、女性对女性的性暴力寥寥可数，这是一个事实（但是女性通过言语和态度进行的性骚扰事件，也并不少有。特别是有不少女性，会对表示遭到性被害的女性进行二次加害的发言，这些行为都不可饶恕，但是因为该话题与本书的主题有所偏离，所以我想之后把这类行为作为别的问题进行探究）。

[①] 日本律师联合会，"律师会的儿童人权相关的咨询窗口一栏"。

但这并不是说，因为男性原本（生物学上或遗传基因层面上或脑功能上）具备这样的本能才这样的。为什么会有性暴力的行为，原因众说纷纭。但倘若用"因为性欲是本能""因为男性的性欲很强，无法用理性抑制这份冲动"等说法来解释原因明显是错误的。

话又说回来，人的性欲真的是"自然的本能"吗？这也是一个问题（有没有性欲，程度如何等这些其实都因人而异。而且我们也有必要认识到，人类并不是以生殖为目的而进行交媾的动物），但就算是"本能"，对于同为本能的食欲来说，什么时候？吃什么？像这类问题，人们会根据时间等具体情况来进行明确的判断，会在该忍耐的时候控制住自己，多数人可以根据社会环境来控制食欲。同理，"因不能控制过强的性欲而进行性暴力"等案件，或许也有可能实现清零，但这种类比当然不能与所有的性暴力事件相对应。

色狼行为可以看作一种依赖症，经常面对性骚扰惯犯的齐藤章佳表示，在询问约 200 名性骚扰惯犯"做出色狼行为的时候是否有勃起"的情况，过半的人回答："没有勃起[①]。"所以大多数性暴力的动机、原因并不一定单纯是性欲。

为什么性暴力加害者会实施加害行为呢？统计数据往往显

[①] *WeToo Japan*，《关于在公共空间的骚扰行为的实况调查》，2019 年 1 月 21 日发布。

示，加害者绝大多数为男性，也因此，在当下这个存在性别歧视结构的社会中，男性被打上了"疑似有害的男性"标签。我想男性实施性暴力，与这种"容易成为性暴力加害者"的潜在意见或许有很大关系。比如"控制女性会彰显'男子汉气概'""男性应该比女性在性别上占据更大的优势"等。当男性硬要实现这类"彰显男子汉气概"的规范时，意识层面上就会看低女性，部分男性最终还会实施性暴力行为。

既然如此，那么要消除社会上的性暴力，就要在培育男孩的时候多加注意，去除掉有性暴力加害者暗示的"疑似有害男性"的思想萌芽。社会需要有意识地培养男孩们要时常尊重女性，构筑与女性的平等关系。

如第一章给出的例子，以崭新状态出生的孩子们，会全盘接受社会灌输的东西。为了不让男孩们被社会灌输的有害暗示所影响，或许可以将之相对化，把这类话题以别的角度来重新教育孩子，这可能会带来疫苗般的预防效果。即使一些男孩多多少少受到这些信息的影响，之后也能通过继续教育起到"解毒"功效。

加害者们根深蒂固的认知扭曲

当有人跟加害者诉说自己遭遇性暴力的时候,加害者们往往会说出"他没有恶意""只是想要跟你亲近才跟你开了点小玩笑"等解释。一些加害者还会直白地说出"我以为是女方(受害者)勾引的""应该曾经是恋爱关系"等一些让人震惊的想法。因为他们与被害者的世界观相差太大,常能把被害者给气晕。

由于有着"是相互同意的"这样强烈的偏执想法,加害者往往不会意识到自己做了什么,对被害者造成多大的心理伤害。不仅如此,还常见到一些人反而有被害意识,说"被仙人跳了",当时明明同意了,过后却说是强奸被陷害了。要怎样做,才能让这些加害者明白"你这样做其实是别人不愿意的强制性暴力"呢?真让人心灰意冷。

看过各种各样的案例后我发现,性暴力的加害者往往很难充分理解、反省自己的行为。这些人在过往人生中形成的价值观,使得他们对女性带有偏见,也很难纠正他们的这种错误意识。

虽然我们不能把许多性暴力事件归为一谈。但性暴力其实是指什么？会有怎样的影响？为什么不能做？我认为是因为像上述这样的问题，并没有作为常识共享于全社会，尤其是对于男性，反而会导致他们轻视性暴力，甚至社会上有一些错误信息让他们认知错误，在这样的背景下，导致这些男性加害者们有着根深蒂固的扭曲认知。

为了"不让他们成为性骚扰加害者"需要在教育方面做些什么

成为父母后,我们每天都会遇到教育孩子要如何在社会上做人做事,如何辨明善恶的场面。即使父母或老师教育孩子"不能打人""不能欺负弱者""不能说人坏话",但像是教育孩子"这样相当于性骚扰、性暴力,所以是不行的呀"的机会,无论男女,都基本上是没有的。

到了有性接触的年龄时,孩子们与父母的对话也会变少,他们会采取怎样的性行为?即使是亲子关系也会有隐私的空间,因此也当然有一些不好深入沟通的事。也正因如此,在孩子们到进行实际性行为的年龄之前,父母或老师等人应该有意识地对孩子进行一些教育,让孩子们将来不会成为性骚扰的加害者。

具体要做些什么,关于这个问题我也每天在苦苦思考着。

大致内容整理如下:

①培育孩子尊重自己以及他人身体的意识的全面客观的性教育;

②让孩子知道性暴力是多么伤人的行为；

③要有对孩子出现可能成为性暴力加害者思想萌芽表现的识别能力。

（可能②③从广义上也包含了①）。

进行①的全面客观性教育的必要性，在书中的第三章已经提过了。关于③的内容在第五章会有所涉及，所以这里主要阐述我的关于②的一些想法。

如何告诉孩子性暴力是多么伤人的行为？

性暴力是怎样的行为，会给人带来多大的心理创伤？为了不让孩子成为被害者或加害者，我经常苦恼于该怎样教育孩子这些问题，并且每天都在不断地在试错中总结经验。

在孩子的学前阶段，为了不让孩子受到性侵害，我花了许多心思，如给孩子读学会勇敢表达系列丛书《不紧张，不畏惧，机智说出不可以》的绘本（贝蒂·伯格霍尔德著）。书中有教孩子"遇到这些情况要大声呼叫着逃走"等，是一本插图，孩子也容易理解的绘本。

不能进行在对方不情愿的情况下，触摸和伤害对方身体的行为，一般家长会把这作为道德常识来教育孩子。而在相互同意、主观性地希望并进行身体接触的情况下，会给人带来快乐，从精神上获得安心的感觉。如果父母没有同时告诉他们这些道理，就可能会让孩子对性感到恐惧、有罪恶感、感到肮脏。其实这方面的教育还是挺难的。

我一般会这么跟我的儿子们说明："如果对方说不，就不能擅自触摸别人的身体。因为在对方不想被触碰的情况下接触他们，就会让对方特别反感、害怕。""但是如果对方表示可以，那么当你和喜欢的人牵手，来个心动的拥抱时，就能真实地感受到彼此喜欢的心情，会变得很开心，也会更加喜欢对方。和谁进行身体接触，既有让人感到幸福的时候，也有让人感到十分害怕、讨厌的时候。这要根据你和对方是什么关系来确定。所以接触前要好好确认对方的想法。"

有一次在地铁站，我儿子看到了《禁止色狼》的海报，儿子问我"'色狼'是什么"。我记得当时孩子在读小学低年级。"是指一些明明别人不愿意，却非要与人进行身体接触的人。虽然大多数的被害者为女孩子，但也有一些男孩子也受到侵害了呢。很可惜有做这种很过分的事情的坏人。他们的行为会让人非常害怕和讨厌。"我这么跟儿子说明。不过我儿子还是一脸疑惑的样子，"就好比如果有不认识的男人突然触碰妈妈的屁股，妈妈会非常害怕和讨厌。会觉得被触碰的地方变脏了的感觉，心情很不好，会想要去洗澡，好好刷干净那里。"经过我这么一说，儿子一脸害怕，像是多少明白了的样子。

无法想象性暴力被害之重的男人们

在我的人生中，性暴力曾就是身边、日常的事情。现在有了相关知识，并回顾过去，想起自己有遇到过跟警察提交被害人的相关申请表，并要求民事损害赔偿的被害经历。要说对方违法吧，又有些微妙，但当时那些陌生男性给我带来的恐惧，现在想起来仍心有余悸。比如在超市，陌生男子一直在后面跟踪自己，或是搭乘电梯的时候，对面的男性突然伸手打算握住我的手等，我都有遇到这类事情。因为刚好是在我从扶手处抽手的瞬间，虽然只是这么微微擦过的感觉，但我还是因为突然伸过来的手而吓了一跳，回头看去，那名男子诡异地笑着，往相反方向走远了。因为感到恶心，当时我就跑下电梯，至今都忘不了那种恐怖和不快的感觉。

这样的经历绝不只有我才有，只要是女性，都多多少少遭遇过。2019年1月21日，《我们很日本》（*WeToo Japan*）就公共空间的骚扰行为进行了实况调查（以日本关东地区男女约一万两千人为对象），在电车、公交车等公共空间里，有过"自己的身体被摸了""身体被压"等经历的女性近半数①。此外，据内阁府的调查报告显示，女性约 13 人中，就有 1 人有过被迫交媾的经历。如果包含未遂情况，或许人数会更多吧。加害者中，有九成为配偶、上司、熟人等一些认识的人。被害者中有六成人未与其他人进行沟通，与警察联系的不到 4%②。遭受性侵的被害人很难跟谁诉说这样的经历，所以警察把握的、纳入统计中的性暴力被害案件数，仅是实际发生事件数量的极小一部分。

即使我不是被害者，但当听到女性遭受性暴力的事件，也会增加我的恐惧感，觉得要更加提高警惕才行。平日里也会想着要采取一些预防被害的行动。我想大多数男性应该没怎么想过这个问题吧。

性别不同对世界的看法也有所不同，这也是没办法的事情。但是要是许多男孩把"因为我是男性，所以没想过性暴力被害的事情"这种意识当成是理所当然事情，当他们长成大人之后，就会变成问题。明明有许多女性正每天经受着严重的暴力伤害，社会上将近一半的男性却对此事毫不关心，这并不是件好事。因为自己的家人、朋友等身边的女性也有可能在受害。

在教导孩子"不能欺负人"的时候，一般人会告诉并让孩子

---

① *WeToo Japan*，《关于在公共空间的骚扰行为的实况调查》，2019 年 1 月 21 日发布。
② 内阁府男女共同参加局，《关于男女之间的暴力的调查》(2017 年度调查)。

们想象被欺负的人是多么痛苦。同样，关于性暴力，我认为应当根据孩子的年龄，分阶段地引导他们如何降低遭遇性暴力时的伤害和感受。

性暴力被害者的手记里，可以了解到这些被害人的许多感受。家长们可以根据孩子的年龄，试着让他们对此有所了解。因为我们家孩子还小，想着他们认知上还不能接受一些性质严重的内容，目前我会让他们看漫画。比起放在桌上让孩子读，我一般会做个榜样，自己津津有味地读起这类书籍，在这样的过程中，儿子们也被吸引过来，变得想要阅读。

比如《再见了迷你裙》（牧野葵著，集英社），该书从正面描述了包括性被害在内的女孩们煎熬地活着的内容，是一本内涵思想的作品。漫画单行本《7颗种子》（田村由美著，小学馆）是一本有35卷的长篇大作。该漫画虽然并不以性暴力为主题，但里面的重要登场人物有遭遇强奸未遂事件的经历，尤其对作品大结局有着重要的意义。作品用简单明了的绘画手法，描述了施暴者因憎恶女性，选择用给女性带来痛苦的强奸手段的内容。另外，《通过漫画了解男孩子的"性"》（染矢明日香著，三栖可颂绘，村濑幸浩监修，合同出版）用简单易懂的图画，描绘出了与性相关的，基本且重要的内容。这本书很适合作为综合性性教育的入门图书，内容易懂、贴近生活。该书在第一章就有触及性暴力相关的内容，其他也有许多适合小孩阅读的性教育方面的书籍和漫画。

在教导孩子关于性暴力相关的内容时，我觉得以下三种大人展现出的态度可作为反面教材。

1. 认为性暴力的被害者有过失的地方（强奸文化）；
2. 把现实的性暴力当成黄段子；
3. 就算身边有性暴力事件的发生也不会予以帮助。

下面我会按照以上顺序进行逐一讲解。

你应该听过"强奸文化"这个词吧。据说是在20世纪70年代开始，女权主义者们使用的用语。因为不是学术用语，所以没有什么严格的定义。一般是指"认为性暴力是寻常事情，不会去教导人们不要进行强奸，而是教导可能被害的群体，如何才能不遭到强奸的教育文化"。

发生了性暴力的时候，一些人就会说些责怪被害者的话，如"都怪你穿成这样""谁让你单独和他喝酒"等，就好像发生这些事都是无可奈何的，如同在责备面对自然灾害没有做好充分的准备一般。这类人会把性暴力当作如自然灾害般的"寻常"事情，认为被害者应当做好避免此类事情的应对措施，这种现象就叫作强奸文化。

对方不情愿的性方面的行为（不仅是实质行为，像是触碰隐私部位，言语含有性骚扰内容等都包含在内），并不把上述的行为认知为性暴力,对于为性侵害发声的女性进行非议,像是"难道不是因为穿着太暴露了吗?""两个人喝酒,也难怪对方认为你答应做爱""这不是什么美人计吗?",常见这样现象的社会,就会被认为是存在强奸文化。由于小孩从小就容易耳濡目染怪罪被害者自身"过失"的言语,所以做家长的就要每次都告诉孩子"这种想法是奇怪的"。

拿现实中的性暴力当"段子"的人们

有些人会把现实中发生的性暴力事件，当成是趣闻一般观赏。

当我还是司法实习生的时候，就发现有些男性会在刑事审判案件中，专挑性犯罪事件来旁听。在常旁听、关注刑事审判的人当中，就有"性犯罪旁听爱好者"，我想这样的事实其实还挺多人知道的。可能里头有些人是以研究为目的去旁听的，但大多数人应该就是以了解现实性犯罪事件的具体内容为乐。

宪法规定要公开审判，所以谁都可以来旁听。无论旁听者内心带有何种目的，都不应被限制旁听。但是明明被害者受到了很深的伤害，却被无关的第三者以带有性方面的关心视线打量、"观赏"，只会让被害者受到更大的痛苦。以他人遭受性暴力为乐而前来旁听的行为，其实就是二次强奸，除此之外，我想不到其他更适合的形容了。

在做司法实习生的时候，同期的男性曾开玩笑道："性犯罪被害者的笔录果然是最棒的色情小说呀。"听到话后，不禁让我心头一紧，立刻回道："我想被害者被人这么说可受不了。"然后那人像是感到很突然,有些挂不住脸的样子。这位男性绝不像是平常会说出或做出性别歧视性言语和行动的人,因为我们的关系挺好的,所以这次经历反而让我感到震惊"没想到这人也会说出这样的话"。

学生时期,跟同年级的男性谈到性暴力的话题,当我说到"男性也有被害者"时,他反而坏笑道:"这不挺好的嘛。"我就想,他好像还不能很好地理解我的意思,于是我又说:"我是说当自己不想做,不想被碰的人接触的时候呀。虽然在男性的性被害事件中,加害者也有女性的情况,但基本上施暴的是男性,像是会用力强压着被害者,让被害者遭受集团性性侵等这类事情啊。"当我这么说之后,他露出痛苦的表情:"这样的话真讨厌……"这人的脑子里大概想的是,男性被性侵害是"被性感的女性情欲十足地进行强迫性性行为"之类的画面吧。却不会想象到自己被迫进行性接触的情况。

性暴力被害中,尤其是电车里的色狼行径,常被一些人当作是"常有的色情趣闻"。比如,和人谈到这类话题时,"你是怎么被摸的呀?"一些男性会兴趣十足地问道。我也有过这样的经历,这时候的男性就会和说"下流话题""黄段子"一样的态度,他们估计是把性暴力被害歪曲成了一种"黄色话题"。

通过阅读《何谓色狼》(牧野雅子著)一书,就能很好地了解到,这样的认识不仅是在个人层面上,还在社会中被赤裸裸地谈论。该书通过从 20 世纪 50 年代到现在的杂志、新闻里的庞大事例，介绍了色狼是怎么被谈论的。一些作家、音乐家会在新闻、杂志上，怀念地回顾过去自己所做的性骚扰加害体验。像这样以娱乐的视线来看待、谈论色狼的报道，即使在 2000 年以后的周刊上，也依然存在。

女性们在这样的言论中活着，即使感受到了被色狼骚扰的痛苦，也很难认识到"色狼的行径是一种性暴力"。就"是否遭到性被害"进行的一项问卷调查显示，有些人会回答："虽然没有遭遇到性被害，但是有遇到过一些色狼。"过了好多年后，这些人以某些事情为契机，才开始意识到"我是不是其实每天都在遭遇性骚扰"。

当然在国外也有发生许多性暴力、性骚扰事件。但是，与国外相比治安良好的日本社会却在电车上频发色狼事件，从外国来看，这种失衡的状态是很奇怪的。比如英国政府在向英国国民们给出出国建议的网站上，就有写道"日本是一个犯罪率低，晚上外出或乘坐公共交通工具也很安全的国家"，但紧接着又警告"但是在上下班的电车内，会频繁发生色狼进行不适宜的身体接触事件[①]"。

记者治部莲华就有好几位在日本的异国熟人，对色狼问题感

---

① "在通勤列车上，女性遭遇不适宜的触摸情况很普遍"外国旅游指南日本篇。加拿大政府官网在该引号内容的网络地址也同样有记载。

到愤怒:"日本应该好好应对性犯罪问题,不然其他国家的人会逐渐地不来日本。应当给被害者予以支援,对加害者进行治疗,为消除色狼、性犯罪问题,社会要继续就该问题进行讨论。"(一名 30 至 40 岁间的男性)这么表述道,并进而指出,"包括色狼在内的性暴力是人权的一大问题。对这一社会政府现状置若罔闻,会损害到国家的利益①。"虽然日本是"治安良好的国家",但是女性在电车内日常性地遇到色狼,而且色狼性暴力的"暴力"部分却被社会透明化,反而只强调"性",并把它归为黄段子——这样的日本现状绝对不是"正常"的。

---

① 治部莲华,《"日本的色狼问题是异常"住在日本的外国人感到很惊愕》,女性杂志《夫人》,2020 年 3 月 20 日。

没注意到被色狼骚扰的受害者，即使注意到了也没能给予帮助的大人们

一些大人并不会注意受到被色狼骚扰的被害者，即使发现了，也不提供帮助。这类大人的态度对于孩子们来说，如同反面教材。

为十多岁女性开展社会活动的一般社团法人合作组织代表仁藤梦乃，把在山手线内的电车上，偶然目击到一名色狼在对女孩进行性骚扰，并予以帮助的经历分享了出来。当时一位六岁左右的女孩独自乘车，到一名男性旁边就座后，该名男性用身体接触女孩。仁藤发现后，马上在该名男性和女孩之间的座位就座，隔开他们，保护起那个女孩，并跟朋友用社交软件联系，与警察联络起来。这期间，那名男性一直坏笑着看着女孩，还小声说道："真可爱。"周围的乘客里尽管有些人也注意到了情况不对，但是在车里谁都没有任何行动。

仁藤到了地铁站后，拉起女孩的手，然后走到3名看似上班族的男性旁道，那人是色狼，能帮忙抓住他吗？但是那几人却拒绝道："哎呀，我们待会儿还要上班。"在电车开门的时候，仁

藤又跟其他男性求助道："那人是色狼，请抓住他！"一听苗头不对，那色狼一下子飞跑出车门，并发出奇怪的声音逃之夭夭。仁藤在之前好几次呼救："那是色狼！请抓住他！"但是最后就这么眼睁睁地看着那名男性逃走了。

引用仁藤文章里的话，那就是"在电车里我们周围就有二三十名乘客，其中有好几人明显就注意到了我们这边的情况。他们应该看到女孩遭到性骚扰，我过去帮她的情况。新宿站估计就有近一百人。但是察觉情况并帮忙去追那个男性的，只有 2 名男性以及刚到东京的一名 23 岁女性"[①]。

对于仁藤的这份投稿，有超过 250 人在社交网络上留言"我有同样的经历""让我想起小时候遭到侵犯的回忆"等，表示深有同感。仁藤把这些声音都收集起来，其中大多数人写道"我也有过同样的遭遇，但是果然谁都不帮我"。

在我还是大学生的时候，也有过在电车上就座，目击到有男性触摸站着的女性的情况。那名男性魁梧高大，十分有气场，一上车后的行为举止明显就很可疑。如果就我一个人去提醒他注意自己的行为又会感到有些害怕，于是我就跟旁边睡着的，像我父亲一般大的男性说道："不好意思，那人有些奇怪，能不能帮帮忙？"尽管那男性睁开了双眼："什么？这个，嗯，那边没事的。"

---

① 仁藤梦乃，《如果遇到性暴力该怎么办？》，《信息知识解说辞典》，2018 年 8 月 9 日。

却这样含混过去，什么都没有做。当我着急得不得了的时候，发现情况的那名色狼就这么离开了，但是当时我的心脏吓得突突直跳。现在的话，我会一个人站起来按下车厢的紧急按钮，但是当时没有想到可以这样做。

虽然性暴力侵害的形式有许多种，但电车里的色狼，特别是在城市里，基本上是很日常的存在。有不少女性回顾自己的初高中时期，表示"每天都曾遇到过色狼"。在周围有许多人的情况下，还发生性暴力事件，并且谁都不施以援手，这样的情况实属异常。像仁藤和我的经历一样，即使求救了也有人依然不作为。

2020年1月，在大阪地铁站的白天，就发生了一起一名15到19岁的女性，遭到陌生男性强制性交媾的被害案件。我希望未来身边的男性，能关注到女性身边就有恐怖的性暴力存在，也希望孩子将来能够培养成会提供帮助，不会坐视不管的大人。

致未来的男孩们

男性的主体性行动

其实，已经有一部分男性充分意识到我写到的内容，并建立了"暴力是不可原谅的，男人们应当主动地有所作为"的团体。1991年在加拿大发起的"白丝带运动"，是以男性为主体的消除暴力的运动。这场运动是源于一场在1989年蒙特利尔的一所大学发生的恐怖事件。当时一名25岁男性一边大喊反对女性权利的扩张，一边进行仅对女学生的屠杀，其中有14名女学生遇难，之后该名男子企图自杀。在男子的遗书手记中，把自己人生不顺的原因归结到了人们谋求女性权利的扩张上来，因此他反过来憎恨谋求扩张女权的女性群体。

在日本，2012年该活动从神户发起，2016年4月建立了白丝带运动的一般社团法人。白丝带运动的网站上写道："性暴力、家暴等各种骚扰……要消除暴力的关键之一就是不施暴，大多数人，特别是认为'这跟我没关系'的男性们应当主动行动起来。"对于这句话，我深有同感。目前的日本社会，在这方面做得很不到位。

希望之后的男孩子们，不仅自己不是加害者，还能够成为会为消除性暴力主动行动起来的大人。

第五章

思考"产生错觉的表现"

在电视、杂志、网络等媒体里的女性或男性，和对他们关系的描述，会给我们带来许多影响。在这些媒体的报道中，是否既有一些内容，可以帮助将来长成大人的男孩们确切了解性别歧视、性暴力的含义，也有会妨碍他们理解这些的报道内容呢，这不得不让人注意。

为此，本章节试着从该问题意识出发，阐述了媒体要怎么表现，才能让男孩子们不会对性有错误的认识。

不是本能而是文化

首先作为一个大前提，我希望大家先思考一下何为"性欲"。这真的就像大街小巷所说的是"自然"的本能，是"理性所无法控制的"欲望吗？

先不说这是否因人而异。随着一个人的成长，性欲会在思春期的后半段时期萌发，这完全是自然的生理现象（也有对性没有欲求，被称为"性冷淡"的人）。但是，思春期的人，会对作为性爱对象的对方的什么部分感到心动，在某种程度上，会受到社会营造的文化影响。村濑幸浩就指出了性欲的本质,表示"性欲并不是本能,而是文化。所以做好性教育就变得尤为重要①"。

"性欲不是本能而是文化"是个要点,所以这里,我会对此内容再解释得详细一些。比如在现在的社会,女性的乳房被认知为引诱兴奋的身体部位。也有许多写真会突出强调女性的胸部,常有以此为噱头进行销售。实际上,在江户那个时代似乎并没有对"性感部位"的广泛认知。当然,可能也有部分人会对此感到兴奋,但在当时的大社会背景下,胸部似乎是"看了也没什么好兴奋的部位"。

每个人天生的兴趣嗜好会侧面影响他们想象带来的兴奋。此外,社会定义的"这会诱导性兴奋"的特定符号,也能带来侧面的影响,这影响还很大。先不说这两方面的区分有一定的难度,但可以肯定的是,所谓性兴奋,就是"社会打造的性欲"。因为人会有为"符号"感到兴奋的时候。

这一事实应当作为围绕性教育、性表现的议论前提来了解和认识。也就是对某些事物感到"色",实际上不一定是处于"自然"和"本能",也可能是因为"社会赋予此'色'的性意义,而人接受了这一信息才感觉到'色'",受到社会的侧面影响。

我比较在意的点是,我偶尔会为"把这当作'色的符号'

---

① 清田隆之,《"我还以为强奸也是性爱"……没能认真教导,使得男性对此造成误解的自民党政治性性教育》,日本《微姿》,2016年7月21日。

吗？"的一些问题感到不安。此外，虽然不同的人有对不同的事物认知为"色"的自由，但基于此采取的行动，是否在社会常识的允许范围内，这确实是个"文化"问题。"文化"不是不变的，随着时代、社会样貌的变化，"文化"也会实现升级。

那么我会在意哪些"文化"呢？下面就来具体地阐述这个问题。

日常生活里的性歧视和性暴力表现

到 20 世纪 90 年代，孩子们也观看的黄金时段搞笑节目里，女性的敏感部位被赤裸裸地播放出来，并被视作"色情场景"。到了 2000 年以后，这样的画面消失了，社会的感觉向着好的方向更新。但是，现在 50 岁以上的人，在他们还是儿童的时期，电视上会寻常般播放着现在不会播放的画面，这么想来，这还是不远的事情。

最近，这类节目也并没有完全消失。

此外，像是企业、政府机关的广告和海报里的宣传内容会反复被展示在公共场合，所以会对人们的意识带来很大的影响。为此，广告里对女性和男性的描述方式，从前就时常被人们所讨论。经过这番争论，社会的感觉以几十年为单位来看，性歧视问题逐渐得到缓和，社会也朝着好的方向在改变。

为什么含有性别歧视描写的广告引争议？

近几年时常出现广告引起骚动①。"围绕性别歧视的问题表现"大致分为两类。

一类为从性方面强调女性身体等，单方面的作性对象描述的内容。举一个例子，因女性艺人的性表现而受到集体批判的宫城县观光宣传视频就是如此。这类广告含有许多性暗示的描写，男女评价指标不一，尤其是仅对女性的容姿、年龄进行了重点描述，存在性别歧视。宣传里也有容忍职场同事间议论、揶揄女性的容

---

① 近几年，出现性别歧视的描写受到批判，并被网喷的广告案例：光明百货（2015年3月）。广告中男性上司与女性下属说其他的女性员工"真可爱""她们的工作要求和你不同"等，因内容中，男上司对职场女性的外表提出要求，并默认这一行为，而受到了批判。日本尤妮佳的纸尿布产品"月亮"（2016年12月）的广告上，写实地描述了一位刚出产的母亲独自照顾孩子的样子，因就是否在赞扬这种母亲一人育儿的方式而受到了批判。三得利的啤酒"顶"（2017年7月）。广告为上班族男子到了出差的地方与美女饮酒的设定，但是内容里女性"出了好多肉汁""咕嘟（吞咽声）"等露骨得让人联想到性行为的描述受到了批判，公开广告后也被取消播放。

貌、身材的内容。日本的光明百货①和资生堂的广告就是这种内容模式。

前者会对女性的胸部、臀部等性部位进行极端的强调，其写真和插图会展示在便利店、电车、车站零售店等地方，在谁都会出入的公共场所布满了这样的内容，不由得让人担心。当然，像是在私人空间进行私下观赏虽然也没问题，但是在孩子们能看到的公共空间放置这些内容，那就完全是另一回事了。

即使不是真人，只是插图广告，但表现出性别歧视就是问题。最近一些地方自治体等公共机关的所谓"可爱插图"海报等广告，就时常受到批判，被认为存在性别歧视。

并不是使用"可爱插图"本身有问题，而是使用可爱插图的部分表现与宣传的内容没有关系，对女性的身体进行性方面的强调，进行抓人眼球的描述，男女固定角色区分意识，就这么直接地进行描绘等，是广告表现出性别歧视方面存在问题。尽管如此，部分粉丝并不理解这一问题。误解成："因为插图可爱，所以才会遭到别人的攻击！"因此，也时常出现粉丝攻击重视这一问题的人的现象。

为了让孩子们能够对不同性别有着亲和的价值观，不要对性暴力产生错误的理解，我认为大人们要对公共空间里的性描述问

---

① 光明百货：Lumine，是JR东日本集团的核心企业，主要经营车站大楼型商场。

题负起责任，这才是一个成熟的社会。但很可惜，我感觉现在的日本，还处在面向成熟社会的发展道路上。在养育孩子的时候，大人们需要认识到这一现状，并多加思考。

能够区别"现实"和"虚构"就够了吗?

虽然这么说,但是受到宣传品的影响,而采取实际性暴力加害的人还是在少数吧。我们并不能简单地认为"性别歧视相关的内容或把性暴力当作娱乐进行描绘的宣传品,看了这类内容的人就一定会犯性暴力相关的罪行"。我们要把虚构与现实做好区分。毕竟也有消费虚构的人。我并没有要去批判个人兴趣嗜好的意思。

但是原本和虚构区别开来的"现实"的性是什么东西?当今社会培育的年轻人们缺乏学习这方面的性教育机会,在这样的社会背景下,"把现实和虚构区别开来就好了"的言论到底又有多少说服力呢?看到虚构内容的观众,实际上不自觉地会把它当成"现实"来看。只有正确认识"现实",才能拥有把"虚构"当作虚构来享受的能力。然而在没有受到正式的性教育情况下,大多数人会具有多少辨识虚构的能力呢?

另外,社会上有相当数量的性暴力被害者、害怕性暴力的人。社会需要考虑到这些人看到这种表现时的感受,为此在把性暴力描写当作"黄段子",并以此为乐的情况下,应当严格区分时间和场合。然而当下，许多人旁若无人的行径在推特上表现得更为明显，不由得让人在意起来。这类社交网络上，就有将性暴力当作"段子"来消费的内容，是否正是因为这样，让人对这类内容感到麻痹呢？

　　存在认为性暴力是"色"的人，这件事是让人无可奈何的。但是怎么处理"性暴力为'性感'"这一认知，就是社会文化的问题了。至少还不能很好辨别性的现实与虚构的孩子，如预想到这些孩子是某些内容的读者或观众，把性暴力当作"色的符号"来描绘的大人是没有责任的，但是制作内容的人、将此作为商业途径销售的人，应该认识到自己发出的信息具有什么含义和危险性。

　　如果现在的日本，能够彻底做好性教育，让性暴力会给被害者带来多大的影响成为社会的常识，那么人们就不会轻视宣传品里的不良内容了。但是正如我前面多次写到的，实际上，现在的日本社会，在性教育方面做得还十分不到位，担负着社会责任，有地位的大人们基本上没有受过很好的性教育。许多大人性方面的知识都是不知不觉从电视、杂志上了解到的。

静香沐浴的场景有那么"好笑"吗？

这里我再补充写一下，儿童方面主题内容中一些我比较在意的点。在 些被视作儿童方面主题的动画、漫画里，有时候会自然混入一些性别歧视内容及表现，我作为家长对此会感到危惧。

嘲笑和侮辱性取向与性别自我认同（SOGI）的表现，在二三十年前的媒体上还是平常的事情，但是现在这个时代，这已成为了不能饶恕的言行。

尽管如此，儿童向的动画、漫画里，现在还有不少把"内向而害羞的男孩"的角色当成搞笑段子来使用的画面。现在只要我儿子们在看的动画里，有这样的角色出场，如果儿子们笑了，我会不笑并认真地看着他们，告诉他们："妈妈觉得这一点都不好笑。还觉得这种描绘方式非常没礼貌。"

除此之外，像是跟性没关系的儿童向的内容里，会不经意地穿插进一些性方面的描述，这也是让我比较在意的地方。

比如《哆啦A梦》，就有野比大雄进入到静香沐浴的场景，或是偶然看到静香的裙底，然后欢呼着"走运"的场面。虽然现在比以前好些了，像是裸体不会被直接播放出来，但是这类画面也不能说完全没有。这样的场景其实跟剧情完全没有关系，就只是作为"搞笑小插曲"加入到内容里，我认为这有问题。

现实来说，比如对方是"不小心"的，但是女性如若被别人看到自己只穿内衣或是沐浴中的样子也会非常不快，也有可能会带来深重的心灵伤害。把这样的严肃的情况当作"段子"或是"搞笑插曲"来定位、描绘，会给人轻视性被害的感觉。

我这么说，可能就有人会曲解我的意思，批判道："弄得好像看了《哆啦A梦》，现实中就会有许多男孩会偷看女孩洗澡一样。"我并不是这个意思，只是这样的画面，确实是轻视了性被害，这会在某种程度上，给观众的价值观带来一些影响。

在这样"有些色"的场面之后，静香满脸通红，然后揍着野比大雄说"大雄你这个色鬼"等话，仅仅是发怒然后整个插曲作为结束而已。之后又很快出现两人一起玩耍的场景（甚至两人长大后还结婚）。虽然"这只是漫画"，但像"被偷看裙底"这种对对方造成实质性性被害的行为，总感觉有被轻视。"不是故意的，所以没关系""是男孩子淘气的恶作剧而已，很好笑"是否存在像上述这样推免责任的部分呢？我认为，制作人应当注意这类不恰当的描绘方式。

有时候一些让人比较在意的描写，从现实来讲，不可能做到让孩子们完全看不到这些节目或者漫画（可能会在朋友的家里看到这些内容）。所以目前，如果是普通的电视节目、儿童向的内容等，我基本上不会限制孩子们的观看自由。但是如果在一起观看节目的过程中，出现了一些让人在意的场景，我会好好地跟孩子们说为什么我会比较在意这些地方，从而让孩子们能够自我思考，做好这方面的素质教育。

当我的儿子在看到电视上一些让人在意的画面时，我会在这时跟他们说些话，比如，"我希望你不要觉得这个画面很好笑，这是把这种场面当作搞笑素材的大人的错，实际上发生这类事情，会给女孩子带来很深的伤害，是不能这么干的，这不是什么好笑的事情。以后你们会长大，妈妈希望你们能先明白这个道理。"

我想我这么说，可能有人会议论道："孩子们看《鲁邦三世》又不会成为强盗，看《名侦探柯南》又不会成为杀人犯。"强盗、杀人和性暴力在社会上的处理方式是不一样的。什么行为相当于强盗和杀人，基本上所有人都知道这一常识。所以即使《鲁邦三世》里的强盗画面被描绘得特别帅气、特别有意思，也不用担心孩子们会觉得"这是可以试试看的事"。而另一方面，正如我在第四章里写到的那样，把实际的性暴力当作"段子"等，关于性暴力的"这原本就是性暴力"的认知，在社会上还不够健全，即使是大人也对此认知甚少。以这样的社会状况为前提，要先认识到"性暴力是什么，不知道孩子们是否对此有正确认识"，由此大人们应当慎重考虑一些会给孩子们看到，并让他们对性暴力产生误解的表现物。

第五章 | 思考"产生错觉的表现"

有问题的是"把性暴力当作是娱乐的表现"

这么说可能会造成误解，我认为孩子们对性好奇是自然的事情。在第三章也有写到，从小进行综合性性教育，是关乎儿童人权的重要问题。所以并不是说所有的性相关的内容，都要远离孩子们。

我们要注意的是一些制作者，作为大人在绘画时，是否有思考"什么画面""以小孩会观看为前提的内容里""有些色情的画面"等问题。换而言之，在儿童向的内容里，就是什么内容会被视作"色的符号"的问题。

所以希望至少能够在儿童向的内容里，不要把性暴力描绘成"色的符号"。要描绘性暴力，就要说清楚"这是性暴力"。

为了迎合孩子们对性的好奇而插入的一些表现、小插曲可以有多种描述方式。然而却在这么多的选项里，偏偏选择"女孩子不情愿地裸体，被人看到裙底"的状况，并把此定位为"有点色又好笑的小插曲"，这真的合适吗？尽管有其他的设定和情景，但偏要"以异性恋男孩的视线，并且不是女孩子本意的情况下被看到隐私部位"的场景，其实是非常限制性的场景设定。这到底是为了什么而加进去的插曲呢？为什么不能用其他的场景或设定？这是制作者认真思考过后的结果吗？

要是想要加入一些"色情"内容，是否可以是女孩子并不害羞、不情愿，主动并好奇地进行性接触，并且感到快乐的场面或是主动为裸体的描写呢？我就单纯这么想想。为什么静香就不能自己对性感到好奇？可能有人还会说："这样就破坏了梦想了。"但这个"梦想"是谁的？对谁的？是怎样的一个梦想呢？

我也从小就喜欢《哆啦A梦》，也在电影院看过它的大长篇系列。觉得这是作为儿童向动画的一部佳作，也有让我的儿子们看。但是这么一部整体来看是佳作的作品里，却让孩子们看到了一些令人局促不安的画面。我认为这反映了社会根深蒂固的、蔑视女性的观念。

可以改变媒体的传播方式

1975 年到 1996 年，曾有一个叫"行动起来女人会"的团体活动过。当时联合国为了提高女人的地位，把 1975 年定为国际妇女年，借此机会，这个团体活跃了起来，刚开始，该团体的名字为"以国际妇女年为契机，行动起来的女人会"。

这一团体提出了与女性歧视相关的各种主题，就媒体表现中的性别歧视，也通过具体行动取得成果，使得企业等在这方面的问题得到了改善。

比较有名的事例是在 1975 年，对于方便面广告中的广告语事件，因其中存在"固定的性别分工"，该团体对好侍食品集团① 提出了抗议。广告最终"以新商品替换"来停息这次抗议。

最近也有像过去这样的事例发生。杂志《周刊 SPA！》的 2018 年 12 月 25 日号上，一篇叫《陪酒酬劳"实况直播"》的报道，用了 6 页篇幅做成了杂志特集。在这篇报道里，还有一个栏目叫"女大学生排行榜"。这个栏目擅自把不同学校女大学

---

① 好侍食品集团：一家以咖喱制品出名的日本食品公司。

生分门别类，也就是对那些女性较多的学校进行了排名，并把这些大学具体的名字都给介绍出来。这篇报道在社交网络扩散之后，引起了大量的批判，像是"这种排行榜除了轻视女性之外没有任何作用""不能从外貌、衣服上的大学来辨别是否有性方面的意向"等，网上许多抗议者署名抗议，聚集了大批赞同的观点。

但是这件事在之后，有了惊人的展开。女大学生作为发起署名等抗议运动的中心，到访了该杂志的编辑部，并传达了抗议的意思，于是双方展开了对话。据报道，在席上，编辑部一方表示"由于过于在意是否畅销这点，感觉也变得麻痹了。编辑部内虽然也有女性，但是跟这篇报道无关，因此也没有人提出疑问就这么出版了""我们也尊重女性，但是曾把女性当成物品来看待。对此我们深表反省"。而大学生一方则是提出"编辑部今后可以策划与她们沟通并同意后进行性行为的相关报道"的意见，双方完成了一场有建设性的对话。

这是一次即使被指出有性别歧视相关的表现，相较以往东拉西扯地找借口、拒不承认错误或是说"这侵害了表达自由"等反而反过来生气的许多例子，这次媒体一方坦率承认错误，并就往后问题的改善交换了意见。这一事例也让我认识到，通过发声，让媒体改变性别歧视的态度是一个可行的模式。

像这样，当传统媒体在表现上存在问题的时候，可以通过发声表态，来让媒体做出改变。如果认为"与这样的性别歧视表现接触，对孩子的成长不好"，那么大人们就要发出自己的声音，让孩子生活的社会环境可以尽可能地减少一些性别歧视因素。

对谈小岛庆子（艺人、随笔作家）
"作为母亲，可以告诉儿女一些什么呢？"

小岛庆子：出生于1972年。大学毕业后进入东京广播电视台当主播。1999年获得银河奖DJ个人部门奖项。2010年辞职后成为一名艺人、随笔作家。有《解缚：母亲的痛苦，女人的痛苦》《幸福的婚姻》《地平线》，对谈集《再见吧！骚扰》等多部著作。

太田： 小岛女士有两个儿子，现在全家居住在澳大利亚的珀斯吧。

小岛： 是的。就我会一个人到日本工作，但家人主要住在澳大利亚。我偶尔会从"务工"地东京回到家人住的地方，现在是这么一种生活方式。

太田： 近年，性教育似乎备受瞩目，像是一些电视节目、女性杂志等，都时常就这一话题推出专题报道。像是就男孩子们的性进行谈论的主题、介绍男性学的见解等，感觉这类内容变多了。

看到这样的变化，我在想，这难道是当下社会，在消解根深蒂固的性别分工意识方面，打算放弃纠正父亲和丈夫这一代人的思想，转而寄希望于下一代。在日常生活中，如果耐心做好思想工作，丈夫这方面的观念，也会在某种程度上有所改变吧，虽然现在也有听到过相关的事例，但是这么做其实性价比比较低。（笑）比起在这方面投入精力，在有限的时间内把精力放在儿子们身上，做好相关的教育，那么他们未来的伴侣，即下一代的女孩子们的负担就会减轻一些，现在的社会不知道是不是有这种想法？

小岛： 其实我最近完全就是这样的心境。

卸载掉根深蒂固的性别分工意识

太田： 像我们父母那一辈，"男主外，女主内"的性别分工是压倒性地占多数的。所以就难有对儿子开展男性性教育的意识，反而更注重培养儿子和父亲一样的工作挣钱能力。

小岛： 确实，很多母亲也没觉得这有什么不妥。谈到性别问题时，我常认为，像是"女性就是受害者，男性就是加害者"这样单纯的二元对立的想法并不好。以父亲是家中之主为基础的性歧视观念，也就是所谓的男人、女人的规范，如果有这类执念或文化基因，那么女性自身也会无意识地成为这种思想的传播者。女性应当对此有所自觉。

问题最大的根源在于对男孩的教育方式，我们的父母一辈的母亲们，也会对自己的儿子强烈灌输"好好挣钱，其他事情就由女人来干就好"的男性分工观念。她们认为这样是好的。不过我想事实上，这些母亲们也只能这样活着，所以也不能责怪她们。

太田： 如你所说。因为受到了时代的限制，要责怪那一辈的女性们，确实有些严苛，但是从结果来看，这样做，导致儿女们被旧有的观念所束缚。在同样的性别分工意识上，对儿子、女儿会表现出不同的影响。儿子们会直接内化成"男人"，而女儿们则会分裂出"学业、事业上的成功""作为女人的成功"这两种价值观。

小岛：要说妈妈们的内心，就是"如果是自己的女儿，希望她能不要服从于男人，学会自立自强。但是如果是自己的儿子，就会希望某个女人能好好伺候他"。

太田：对对！接受这些观念的女儿一方，会被迫分裂出这两种愿望。也是在这压抑的时代下，女性们苦闷的愿望……

小岛：虽然很痛苦，但我们这代人要担起卸下这种旧有观念的责任呢。

太田：可能不同年代都有不同年代的课题和作业，我们这一代的作业，或许就是要卸下被上一代束缚的咒语，给下一代自由吧。那时，男孩的教育方式会成为一大要点吧。

小岛：应该会是很大的要点。

太田：因为过去的先例很少，又不能从一个全新起点开始培育孩子，我们这一代，要将上一代及社会中一些根深蒂固的不好的观念，一个个地剔除。为此就得照顾到全面，许多事情要同时进行，做好孩子们的教育，其实还是挺忙的。（笑）

小岛：是的。要明确意识到该剔除什么。现在男性学备受瞩目，虽然至今为止看起来没什么问题，但是如果从性别的角度来看，就会发现这一学问其实极其扭曲。其中不仅是男性对女性，女性也有存在无意识地强迫灌输某些观念给男性的现象，我们应该注意到这一时期的到来。

太田：我也这么认为。实际体验中，这一两年有这样观念的人在急剧增加，感觉有这么一个趋势到来。

小岛：这不是该纠结"谁对谁错"的问题，而是大家应该共同认识到"你和我都变成这样，这到底是在哪里出错了"。

太田：因为有性歧视结构，这个共同的敌人，为了与它对战，就需要男女携手并进，然而有些人却反过来，把自己一方的人当成敌人。（笑）要让这些人解除误会，就需要一些时间和精力，但是感觉并没有取得很大的收获，所以当下人们在这方面顶多做一些最低限度的防御措施，即使偶尔被攻击了，也只会将更多的精力放到教育下一代上面。

不要无视"孩子气的性别歧视"

太田：教养孩子时，如果孩子说出了一些令人在意的言论，小岛女士您会提醒孩子吗？

小岛：在家里，我一般都会注意，尽量不说一些存在性别歧视的言论，但是去保育园或学校的时候，孩子们难免会被传染到一些偏见。在保育园的一整年，孩子会说："粉色是女孩子的颜色吧。"到了小学还会开始说出"大妈"等坏话。"妈妈不是大妈吧"等。然后我意识到孩子把"大妈"理解成了带有侮辱性质的话，于是我就想："现在就是教育他的好时候！"（笑）

太田：（笑）

小岛："'大妈'这词是指人的状态，妈妈也是35岁之后的人了，所以也是大妈。这词只是说明一种状态，并没有所谓的好与坏。但是你之前觉得'大妈'是坏话吧。为什么这么想呢？""明明年龄增长不是什么坏事，但你刚刚说的意思，就像是年长的女性比年轻的女性差哦。"我就选用小学一年级的孩子能懂的话，慢慢地给他说明。

太田：做得太好了。

小岛：孩子到了初中阶段，就会迎来另一个时期，也就是开始植入把女性的性当作东西的价值观的阶段。我孩子的一节美术课上，有将照片和东西拼贴在一起，制作成作品的一个作业。我家长子和他朋友就开玩笑似的做了一个东西，我一看，是在女性胯裆处贴上一个标贴的作品。我儿子就说，这只是朋友的一个玩笑。于是我耐心地跟他说明道理："我真的非常讨厌这个。我为你们把女性的身体当成东西，并觉得这很有意思而感到不快以及害怕。在性器官上贴上标贴，你知道这是什么意思吗？这是暴力，是对女性尊严的伤害。"

太田：他们这是孩子气的行为呢。

小岛：对的。对性别歧视的偏见，可不能因为是他们孩子气、无意识的行为，就放松教育。

太田：这样的教育一般来说不能成为体系，所以需要家长们平日里多加注意孩子们的言论、行为，得做到这种程度才行呢。不过一直紧绷着神经去注意孩子们的言行又会很累。

小岛：会累的。（笑）但是，也没办法。

太田：只能这么干呢。

要有指出偏见，纠正错误的勇气

小岛：还有一点，我家老二在小学读高年级的时候，真的是特别受欢迎，小小年纪就有女朋友。当听到老二提起这件事时，我丈夫就说了特别混账的话："啊，是那孩子呀。是你们年级最可爱的那个，真有你的呀。"

太田：哇！（笑）

小岛：我那时都呆了，想着真不好意思，我都不知道该从哪跟他说好了。因为我家丈夫的言论，就像是把女性看成东西来品评，是高级货品就赞说好！这种言论，却在孩子避免成为"渣男"的关键成长时期插入进来！我就在这两人面前生气了。（笑）但是感觉我丈夫到现在也还无法理解我为什么如此生气。

太田：（笑）嗯，但是，很多男性都会觉得"啊，这有什么"，就没把这当回事的感觉。

小岛：我觉得这不是智商的问题了，应该是和缺乏面对自己缺点的勇气有关。在成长的过程中，如果缺乏被指出存在性别歧视和偏见等问题，并趁早纠正错误的经历，长成大人后，一旦被人指出这类错误，就会感到异常受伤，为了让自己看起来是对的，反而会反驳对方。

太田：有这种情况呢。会觉得对方是在对自己的整个人格进行否定，并做出极端的反应。其实只要纠正存在的歧视和偏见就好了。

小岛：照他们那样的态度是学不好的呢。人类，无论是谁，如果能够在长成大人之前，认识到自己带有的偏见，会无意识地伤害别人，之后多加注意，其实是可以改过来的。如果没有这样被指出错误的经历，然后就这么长大了，某天突然被人指出自己有偏见，就会感觉不知怎么的，特别受伤。

太田：尤其是与性相关的偏见呢。可能有些人会觉得干吗那么在意细节……不过小岛女士能够坚持继续和自己的丈夫沟通这方面的问题，真的很了不起。

小岛：虽然我的丈夫也在慢慢地改变，但是进步得太慢了，所以最近我也有点放弃说他了，会更多地将注意力集中到别让他带坏儿子这方面。其实我更希望由丈夫来教孩子。像是自己亲身经历的一些偏见，曾经做过的一些愚蠢的事情等，希望他能教好儿子，不要让他们也犯同样的错误。

太田：要打破这个壁垒真的很难呀。

小岛：所以我打算教育儿子们，让他们看清爸爸这方面的缺点。

媒体变化的预兆

太田： 就像您刚刚提到的，您儿子做拼贴作业的事情，要怎样才能排除像这样把性歧视、性暴力的内容当成娱乐、玩笑的价值观呢？漫画、游戏、电视里的搞笑节目等，一些内容虽然与以前相比改变了很多，但果然还有根深蒂固的性别歧视的内容。

小岛： 相当地根深蒂固呢。

太田： 近年来，像是富士电视台重拍的《保毛尾田保毛男》就遭到抗议，一些性歧视相关的广告也被网喷，发声的人越来越多。然而也有相反的声音存在，所以还不能对此过于乐观。

小岛： 我认为，日本娱乐圈，尤其是艺人圈子，是一个非常大男子主义的世界，但由于最近像是芭比①、渡边直美②等艺人的活动受到了好评，所以这个圈子也出现了一些变化。因为有为抗议"欺负丑女"发声的女性艺人嘛。这个原本看脸、看身材的圈子里，出现了有着不同价值观的一代艺人，使得这个圈子有了改

---

① 芭比：本名笹森花菜，日本搞笑女艺人，出生于日本北海道。
② 渡边直美：出生于中国台湾，日本搞笑女艺人，因模仿碧昂斯而大热。

正偏见的希望。现在回看十几年前的电视节目，会让我有种恍如隔世的感觉呢。一些艺人们虽然对圈内的规则很敏感，但也会很在意舆论和观众们的感受。所以一些懂得看势头的人，就会将过去错误的价值观改过来，曾经一直忍耐的事情，也知道是时候可以说出来了。曾经以自己的外貌作为梗来吐槽的女艺人们，也变得能笑着指出电视里一些不对的做法。

其实应该有很多人会觉得，电视圈把男尊女卑当成常识的观念是不对的，但是碍于利益、会扫兴等情况，有些人不得不跟风行事。多年之后，这些人虽然不想这么做，但是却已经患上了不得不这么做的"依赖症"。

太田：媒体上一直有把看脸、看身材当成段子的现象存在呢。

小岛：无论男女，其实有些人会觉得这样不妥，但是又不得不这么做，不过现在，这些人应该意识到，现在是一个可以勇敢抗议、发声的好时机了。

太田：真想为这些人加油鼓劲。

由男性们谈论"男子汉气概"的诅咒

小岛：原本女性被放置在社会的边缘，即使女性们再怎么发声、表达自己的想法，传达的信息也往往会被忽略掉。最初会有一些女性发声，而在最近，男性这边也有人站出来，对性骚扰、职场骚扰的现象蔓延的问题发声，提出"这类现象很不正常"。我认为今后社会的一个重要的主题是，如何让男性自己感到不安、愤怒、迷惑，不过我认为最重要的是"恐惧"，将这些情感表达出来。

太田：也就是把感情语言化吧。

小岛：要改变展示弱点的男人"很娘"的社会观念，当然需要周围不要有这类评价。但是这需要由受到此影响的男性，以第一人称的角度，基于感情和亲身经历，用语言表达出来。对于"女人味""男子汉气概"这类"诅咒"，女性一方在过去的几十年已经发声无数次了，然后男性在这方面明显做得不够。

太田：因为展现自己的软弱和不安违反了"男子汉气概"的定义，他们其实会害怕吧。

小岛：我想这里面也有女性给他们施压。比如会对说泄气话的男性进行不自觉的评价，像是"没用""恶心"之类的。可能也有这方面的原因吧？女性这边肯定也存在强化这种性别偏见的现象。如果想要消除"女人味"的束缚，女性应当在男性表现出软弱一面时不取笑、不打击，而且要反过来倾听、认可他们。这样最终也会让自己活得更容易呢。

我书中有写到"温和的弑母者"这个说法，母亲以及社会会在庇护的同时，压抑着男性的权力，面对这些人事物，男性应当以非暴力的方式克服问题，从而获取自由。

提到权力，可能大多数人会联想到父权，实际上，母亲也拥有着绝对的权力。主要表现为她们会经常说"这都是为你好"。要想从用"都是为你好"来包装、灌输的性别偏见束缚中解脱出来，男性需要做到象征性地"弑母"。如果不用温和的方式进行，而是采用暴力，那么就会面临最糟糕的结局，即真的有人死亡。为防止出现这类悲剧，就需要有人给男性提供帮助，让他们能够展示出真实的自己，与他人寻得共鸣。

这方面女性就已经积累了相当的经验，她们会谈论并分析"毒母"压抑孩子的话语，并克服这类"诅咒"的束缚。如果女性能够将这方面的经验分享给男性，相信双方能共同开创和平的未来。

正确看穿敌人，正确愤怒的技术

太田： 确实共同倾诉软弱和不安，加深团结以这类方式活着的人多为女性。可能是因为女性在这方面，得到锻炼的机会比较多，所以在不知不觉中，就被训练出来了呢。女性在承认并向他人展示自己的软弱和不安方面，跟男性相比，心理的抵抗情绪会低一些吧。与其说这是天生性别造成的，我想还是因为跟男性相比，受到"要变强"的观念压抑会少很多，所以女性在展示自己的软弱方面，会比男性来得容易吧。

但是男性的话，比如遇到"我不受女性欢迎""不安"这类情绪时，却不能很好地从正面承认，抵抗心理很强。他们不会正视自己的软弱和不安，不知道为什么，反而会不自觉地对那些攻击女性的言论予以肯定。为了不让这类情况出现，我想男性需要有"展示自己软弱的技巧"呢。

小岛： 这也可以说成"正确的愤怒技术"呢。所谓正确的愤怒，是指发怒时要有条理地思考自己对谁，为何事而发怒。在看清了什么是真正的敌人后，再把话说出来的行为。如果做不到就会误伤他人。所以我希望男性能明白，他们的敌人不是女性或女权，而是有着男人展现软弱就是失败的观念的社会结构、父权制的价值观。

其实他们也多多少少察觉到这点。但是却害怕好好地理解吧。因为他们知道，要跟占有特权的男性赢家、通过父权制价值观形成的组织对抗，最终会失败。所以这类男性就会把矛头朝向比自己还要弱的女性身上。而且这不是自觉的，是一种本能的、条件反射的行为。

太田：有点小偷小摸的感觉呀。

小岛：所以他们需要正确的发怒技术。我也会教我儿子们"感到愤怒和憎恨的时候，要好好想想谁是真正的敌人，问题到底出在哪里"。

太田：还有就是勇气吧。就是要勇敢地对比自己要强的势力发怒。

小岛：真的是。我经常告诉我家孩子："所谓勇气，是指思考自己的弱点，然后把你最不敢做的事情变成你可以做到。"勇气其实就是面对自己的软弱的力量、继续思考的力量以及用心的深度。用心的深度就是危机管理能力。比如，预测到海啸到来，就事先建好防海啸的堤坝或是寻找避难的高台，然后"即使海啸来了，也能冷静逃走"！我想这样才叫作强大、有勇气。

而所谓的面对软弱，并不是说要你责怪自己，而是要让自己明白自己的弱点是哪来的，如果再次发生这类事情，要怎么处理？通过这样不断的思考可以让自己变强大。

太田：如果在思考上有所懈怠，就会想选择看似安逸的方式，对女性产生依赖或是攻击女性。而且又有无数种强化攻击的方式。

小岛：对的，然后就会变得更加依赖。"只要攻击女性，反正我也无可救药了，倒不如谁都别好过。"可不能让孩子们学习这种消极的想法。

平时养育男孩的时候，经常思考这类问题的话，就能从男孩子的一些话语中，看出他们对世界的看法。（笑）这样就能在没有任何出奇的日常育儿场景和对话中，发现"就是现在"的教育好时机。

太田：在日常生活中，实际上有这样的机会呢。

小岛：是呀。不过如果平时我们不多加进行思考训练，就会难以发现这些机会。

要对寻常的感动及对方致以敬意

太田： 澳大利亚的学校在性教育方面和日本有什么不同吗？

小岛： 澳大利亚原本也是有着非常大男子主义的文化的国家，所以家暴也挺多的，不过也因为自觉到这个问题，所以政府也采取了相关措施，像是制作有启发性的视频《"男孩子淘气也没关系"是家暴的根源》，宣传"不要再灌输性别歧视的旧有偏见了"等，会通过各种机会开展这方面的教育。

小学毕业的时候，会给男女生分别分发《接下来你们的身体会有怎样的变化》的小册子，有关于思春期变化、咨询地等内容和信息。到了初中，就会开始开展正式的性教育，会请外面的讲师到学校教授性方面的传染病是什么、女性生理知识等具体内容。我家长子也听过这些课，回家后就立马问我："妈妈，你知道卫生棉棒吗？"然后我很平淡地回答："知道呀，我也用过呀。"如果这时候被问怕了就输了。（笑）

太田： 最开始的反应很重要呢。关键是"别害怕"。

小岛： 之后，他就特别得意扬扬地把刚学的东西跟我说一遍，然后我就狠狠地夸奖了一番:"哇,你好棒呢,知道得真多!"对于我儿子来说,可能就是"人体真神奇""卫生棉棒好厉害"的感觉吧。

太田:"这真有用"会有这种很质朴的感动呢。(笑)

小岛:是呀。有它,穿泳装也没关系,还能去泡温泉,真是厉害的发明。(笑)我觉得对某些未知的东西感到惊奇,并想跟别人谈论的这份心情,其实包含有对对方的一种尊重。能用这种教育方式教男孩的环境真的挺好的。

可能也是这方面的教育工作做好了,所以那边学校的女孩子们会很寻常地说出"今天例假肚子痛,所以体育课要休息"的话。似乎也不会发生被男孩子嘲笑的事。

太田:因为正如其名,是生理现象嘛。

小岛:明明只是生理现象,却弄得像是什么羞于见人的事情,反而会给人"色"的印象。明明是在说自己的身体情况,不知道为什么会自觉地形成担心这变成男性对女性的一些臆想的想法呢。

太田:漫画家田房永子的《妈妈也是人》里,就有一章节谈论了"女性私密处的清洗方法问题",明确点出了"大家对女性私密部位都非常不在意"的问题。产前在妈妈学院一样的地方,在进行婴儿沐浴说明的时候,也是如此,教师会很光明、自然地说出男孩的性器官,还会边笑边说,但是女孩的性器官,即使在只有母亲在的地方,也会对此多少有些踌躇、忸怩,说话的时候像是要掩盖什么一般，看到书中这部分内容，我也不由得认同。

小岛：我想是因为女性意识到女性性器官在社会上被认为是羞耻的部位，是一种禁忌，同时，如果公开谈论，容易招来对女性的攻击，所以女性们也变得对此难以启齿了。

我的母亲就是这么一个典型，如果谈到自己的生理，她就会变得特别不好意思。

太田：这也是社会视线的内面化呢。自己身体里的女性器官和生理现象，因为社会擅自附加了卑贱、庸俗的标签，自己也将这种社会现象内面化了。

小岛：是的。像是女儿初潮来了的时候，对女儿说一点都没有祝福的话。这种态度会影响孩子对自己身体的看法，所以这样做真的非常不好。同样地，男孩子在对自己的生殖器官感到好奇的时候，父母要采取怎样的态度，可以说会影响到这孩子对性器官的态度。所以这时候做家长的要好好地教导自己的孩子，要对自己以及对方的性器官抱有尊敬的态度。儿子大概在两岁的时候，我就开始做好了这方面的心理建设了。

太田：我懂。要做到不会脸颊发红，不要笑，谈论这类问题时，要保持和在吃完饭说话时一样淡然的态度。我也想在这点上多努努力。

小岛：说话要保持坦然的同时，还要态度认真呢。这很重要呀,要像这样的态度来对应。特别是还和孩子一同洗澡的时期,母亲这样做会在性教育上起到非常好的效果。

无法用言语来表达感情以及母亲的控制

太田：我听说有些男孩，因父亲不能给他们做好性教育，而感到不满的情况。

小岛：我也曾期待过，但还是不行。教育不仅是嘴上说的，一些无言的态度和行为的示范都非常重要。父亲对男孩来说就是身边的榜样，所以我也曾一直跟丈夫说，要给儿子带个好头，但是目前并没起作用。

像是接球游戏，社会通常会把教这类较男人的事情归到父亲这个角色上来，但是像是面对自己的软弱的方法，痛苦、失败的时候，好像要输给孤独、欲望升腾的时候要怎么办，像这样的问题，我也希望能够由同性来指导自己的孩子。让孩子看到父亲的不足之处的同时，也让他们看到，父亲自己也在不断思考的样子。但是当我问我丈夫什么时候开始教的时候，他却说："这个，得让我有自信说这些的时候才行，如果自己都不够了解自己，可教育不好啊。"那不就太晚了！

太田：（笑）但是，爸爸们，他们的父亲也没有教过他们这些，所以可能也不知道该怎么教孩子吧。

可能大多数男性，即使感到寂寞、不安，也不会表达出来，最终会无意识地压抑这种情绪。男性学的研究者田中俊之在与小岛女士您的共同著书①中就指出，在与他人关系当中"如果原本就存在有上下级的立场，往往双方会以不听对方的话收场"。占权力上风的一方并不用将自己的意思语言化。即使不表达，对方也能察觉他们的行动。

小岛： 真是这样。下面的就得揣摩上面的意思呢。

太田： 这样的话，就不需要认真听对方的话，用语言来传达意思了。在我处理的离婚案件中，就有作为委托者的妻子常常表示"和丈夫谈不到一块儿""沟通不了，他也不听"。在丈夫的意识中，妻子本来就不是"应该沟通的对象"，我感觉他们缺乏尊重对方的意识，并没有把妻子当作对等的一方来看待。

小岛： 我的丈夫是长子，所以妈妈和他奶奶都特别疼他。他在一个类似衣来伸手、饭来张口的环境中长大。我和他的对话里有些还是让人挺印象深刻的，比如，我问他："咖啡还是茶？"他回答："谢谢，那咖啡吧。""好的……所以不喝茶吗？"然后他就会说："我刚不是说了喝咖啡了吗！"（笑）

太田： 沟通无效。（笑）

---

① 田中俊之、小岛庆子，《不自由的男人们——他们活着的辛苦，从何而来》，祥传社，2016年。

小岛：又或者是他会说"谢谢，现在不需要"，那我就会想："啊，这样……所以之后不泡茶也可以是吗？"他这个样子，恐怕就是他妈妈和奶奶给惯出来的呢。乍一看，像是我让他做选择，其实是我被他诱导。而且他还表现得一副很亲切的样子。因为他一直以来习惯了，跟别人说话的时候他也是这样，会放不开吧。

不能表达自己感情的原因应该跟这一样，将自己的内心表达出来之前，周围会先出现"你很难过吧"的氛围。可能他自己感觉到的是另一种心情。但是即使有嫉妒、坏心眼等负面情绪，如果被别人说"你是个好孩子，你什么都没想对吧"，自己也会说"嗯，我是好孩子，所以我什么都没想"，然后就当什么都没发生。因为不能认识到自己的负面情绪，即使别人问"你在想什么"，也回答不了。

太田：因为被剥夺了表达的机会了。

小岛：我认为这是非常暴力的行为。以母性作为糖衣，实则强行控制孩子。因为剥夺孩子思考的机会，其实就是最有效率的控制。

母亲应学会表达自己

太田：被剥夺抱怨的机会其实会阻碍本人的成长。我自己也一样，每次感觉快要这样对儿子的时候，就会在心里暗示自己"要忍要忍"，然后常常像这样克制自己。也一直对自己能否做好这点感到不安。

小岛：我有时候也会这样，但随着孩子逐渐成长，我也看透了许多东西。之前我们一家来到塔斯马尼亚[①]的摇篮山[②]观光时，就讨论是先去看湖还是先去有袋熊的原野。"妈妈想先看什么呢？"被问后我说"都可以哦，你们要想去看湖就先看湖"。但是之后我想了想，其实我想先看袋熊。（笑）

太田：（笑）

小岛：结果因为天气原因，所以我们先去袋熊栖息的原野了。在回来的公交车上老二就说："虽然妈妈那样说，其实觉得看袋熊有意思吧。自己又不说让我们来决定，真是过分。"

---

① 塔斯马尼亚：塔斯马尼亚岛，位于澳大利亚，是澳大利亚唯一的岛州。

② 摇篮山：即摇篮山国家森林公园，位于澳大利亚塔斯马尼亚州。

太田： 哇！

小岛： 我就想，孩子长大了呀！当时我想，如果之后打算和丈夫离婚，也可以和儿子坦率地说出来了吧。像什么"为了孩子"之类的套话也没必要说了。

太田： 就算你说了套话，也会被看穿的。

小岛： 是的。我曾认为比起言语，父母以身示范反而会让孩子学得更多。

太田女士，不知道您是否有在自己儿子面前表现过自己的欲望。像是当孩子和自己的希望不一样的时候，会说"妈妈觉得这个好"之类的。

太田： 我的话，会首先习惯性地避免和他人有冲突……也就是在个人关系中常被人说"会惯坏男人"的那种程度。我也在反省自己的这个问题，为了不惯坏自己的儿子，我往后会注意表达自己的欲望，说"妈妈觉得这个好"的。

小岛： 这样呀！现在我在这方面进步了很多。教育男孩重要的是，当母亲的要会表达自己的欲望。这并不等于控制孩子。所谓控制，是指自己的欲望看起来像是不存在一样，不会表达出来，但是又控制着对方的意思。相对的，母亲表达自己的欲望，是指"你想吃羊羹吧。但是妈妈想吃蛋糕。怎么办呢"，把这个"怎么办"的提问抛给孩子，就提供了双方交流的机会。看到身边的女性坦荡荡地说出自己的欲望，其实是最好的教育。我打算把这

当作今年的教育主题。（笑）

太田：（笑）

小岛：媒体也是如此，只要女性和男性不同调并发表自己的意见，就会被形容成"歇斯底里""极力争辩"等。这不过是看不惯说出意见的女性而已吧。反过来，如果周围的女性能带头表达自己的意见，男性们就应该会习惯了。

太田：可能，我们的儿子平日里都会得到锻炼呢。（笑）

面向男孩的网络素养教育

太田：您儿子也快到使用网络的年龄了呢。小岛女士您对在社交网络上的垃圾回复①之类的，网络上会中伤别人的言论了解吗？

小岛：在我儿子刚接触智能手机的阶段，他知道了网上有与我相关的负面信息。我跟他解释："你看到后可能会受到打击，朋友会说一些让你不开心的话。但是这是妈妈的工作，某种程度上说，这是没办法的事情，你也没必要真正去接受这些内容哦。如果你担心有些事是真的，不用顾虑，直接问我就好。"

太田：不愧是你。

小岛：我同时还说："所以如果你在网上看到了对某人的一些很过分的传闻，也同样对此抱有质疑不能全信。"

太田：太棒了。

小岛：我还说："留下了针对我的如此过分的留言，写留言

---

① 垃圾回复：指发布到推特上，却招来了谩骂、嘲笑以及对人格否定等恶意留言（回复）。

的人为什么要攻击连见都没见过的艺人，你也可以试着想想其中的动机哦。"

我以前出过写真集，那些照片也会出现，里面可能还有恶意留言。我出写真集，意在对女性肉体是为了男性的欲望而存在的这种看法提出异议。把女人穿泳装与性诱惑画上等号是错误的，谁游泳都会穿泳装，穿比基尼还是穿连衣裙，这些自己决定就好。即使不是受主流欢迎的"魔鬼身材"也可以穿。

太田： 自己来决定呢。

小岛： 在澳大利亚，老奶奶也会很普通地穿着比基尼呢。（笑）就这样想穿什么就穿什么，把我想的拍出来展现给世人看，是一种对这个看脸、看年龄和把女性物化当成理所当然的社会提出异议的表现行为，我就这么跟我儿子说明的。

太田： 这样的教育真好。我家两孩子都有手机了，可以看到各种各样的信息，看来我也要先跟他们好好说明一番。不想让我儿子也把女性物化，所以我会把能教的都告诉他，但是还是会受到周围的影响呢。像漫画等具有表象的内容，就容易让男孩们有这样的待人观念。不过要是就此在推特发声，估计会被网喷们骂得厉害。

小岛： 即使是在普通的漫画里，性歧视描写也会作为一些常规段子出现，而且还会被读者当作好笑的、缓和气氛的内容。

太田： 我也很在意这点，所以我平日里都会跟儿子好好做思想工作。即使有让家长担心的动画、漫画内容出现，不让孩子们看也是不现实的，既然如此，那就一起看，然后跟孩子逐一解释，为什么有些画面让妈妈觉得不舒服。(笑)但这样的内容还挺多的，所以解释起来也挺费劲的。像强奸、色狼等肯定是性暴力的内容，我还是希望在孩子养成良好素养之前不要看。

希望他们能从感性上理解这是暴力。像是那些不太懂人情世故，性格相对孤僻一些的孩子，可能会直接指出问题或表明奇怪的地方，但是包括我家孩子在内的一些"普通孩子"，会怕破坏当时的气氛，所以难以立刻指出问题呢。

小岛：谁都害怕破坏气氛呢。特别是在少年群体，这方面的压力也会很大吧。但是，如果当时不发声，事后也会明白"啊，这就是妈妈说的情况吧"，然后会多加注意，这与完全无自觉地顺势而为是不一样的。

太田：为了能让孩子可以悬崖勒马，让他们预先理解一些道理还是很有意义的。这也是当父母能做的事情了。

果然只能指望下一代

太田：我们聊了很多，但结论果然还是要在培育下一代上多下功夫呢。

小岛：是的呢。前天在昭和女子大学，我以《"女主播"是女性的成功吗？》为题发表了演讲。听众里面也来了3名来自著名男校的初中男生。听说不是老师带过来的，是自己主动过来听演讲的。女校的老师们纷纷表示感激，说最想让男生们听到，以前都没办法，没想到今天连他们都来听了！

太田：那真是厉害呀。

小岛：告诉演讲信息的是那个男校的男老师，也借此机会，那所男校之后似乎打算和昭和女子大学一起策划一些项目。女子大学与男校就性别问题的合作，具有着划时代的意义呢。比起在改变老一辈的观念上下功夫，像这样专注培育下一代，收效会更快。

太田：因为孩子们会很快成长起来。培育孩子的问题上，经常会有去年刚好可以教，但是今年就不合时宜了的情况。所以不能说等两三年时间再慢慢思考如何教育孩子。这是迫在眉睫的问题。

小岛：对对。

太田：不管是广河隆一[①]还是山口敬之[②]，虽然会在意那些人干出那样的事的原因，但是像这样老思想已经固定成型的人，说实在话，就只能等着这些人退出社会的舞台了。

希望今后那些不知道为何，却做出了骚扰行为的人，不再占据社会的重要地位，从而改变社会的标准。

小岛：我也真心这么希望。

[①] 广河隆一：日本摄影师，其作品包括巴以冲突、切尔诺贝利核灾事故等国际事件，作品以人权为主题，过去获得多个摄影奖项。2019年，前员工爆料称其假借拍摄性侵多名女子。

[②] 山口敬之：曾任东京广播公司华盛顿分社的社长，日本前首相安倍晋三的传记作者。2017年日本记者伊藤诗织向法院提起民事诉讼，伊藤诗织指控山口敬之2015年对她进行性侵。

第六章

致未来的男孩们

第六章 | 致未来的男孩们

最后一章里，我想给前面写过的内容，在对话的时候大家提的问题，还有我想告诉我的儿子们以及世上的男孩们的一些话，试着进行一个总结。

想说的话大致可分为两部分：

其一，我希望男孩们能够摆脱"男子汉气概"的诅咒，自由地活着。

其二，对"男性特权"有所自觉，不容忍性歧视和性暴力，以及正因为是男性更要对此多发声。

不必否定自己的软弱

第一，我希望你们能够承认，自己也有软弱的部分，谁都会有软弱，希望你们知道，这并不是什么羞耻的事情。

如果你不能够把内心的苦楚、悔恨、悲伤等"软弱"的情感与"没有男子汉气概"割舍掉，不敢直视它，那么你就无法看清自己的感情。这类人也不能想象到别人的感情。小岛庆子女士也在对话的时候，谈到自己对儿子说过的话"所谓勇气，是指思考自己的弱点,然后把你最不敢做的事情变成你可以做到的力量"。我希望你们能承认自己软弱,敏感存在于每一个人包括男孩的世界里。同时,也希望你们成为能考虑到别人的痛苦和软弱的人。

在这个社会,从善意和鼓励上,我们常常会听到"不要拘泥于细节,你是男人"的话。确实也有不必拘泥的事情。但是,当你感到消沉、落寞的时候,看透自己闷闷不乐的内心,自觉认识自己的情感波动,是克服弱点和缺点的必经之路。"你是男人""你给我男人一点"等话,简而言之就是"忽视"自身的情感波动,这实则会给克服软弱带来负面影响。

我和我儿子都在看动漫《鬼灭之刃》,里面主人公炭治郎说"因为我是长子"的话,以让自己振作起来,又像是"男人生下来就要能吃苦"等台词也会时而出现,让我不由得在意起来。虽然努力克服困难很了不起,但是用错误的言语,是否真能让自己振作起来呢?像是"为了妹妹要加油""自己年龄比较大,所以要加油"等。有这类想法当然是好事,而且明明这么说就好了,不用特意说"因为是男人",这么想着我也就跟我的儿子分享了想法。

剃须刀制造商吉列制作的启发性视频,正是关于这个主题的。剧中播放了在团体里,欺负弱者的男孩子们、一边笑着一边对女性进行性骚扰的成年男性、打架的男孩子等场景。视频里男人们还大笑着敷衍道:"男人嘛,没办法啊。"接着男性发出了自问:"这是男人能做得最好的事情吗?"视频描绘了开始改变的男性们的身姿。该视频内容旨在呼吁男性们，放弃旧有的"男子汉气概"观念，社会已经开始发生变化，人们应当为下一代做正确的事。这个视频内容十分有趣，希望大家能到油管上观看①。

在承认自己软弱的同时，也希望男孩们明白，需要帮助的时候，应该找谁求救。患有脑麻痹的儿科医生熊谷晋一郎先生就说过"所谓自立，是指要增加可依赖的对象"。拜托谁、依赖谁，反而是自立的大人需要做到的事。

当没有恋人、交不到朋友、被周围的人孤立、自己有了加害或是被害的经历等烦恼和痛苦的时候，与有着同样心情的其他人联系在一起，我想这将是一个与自己的痛苦达成妥协的契机。

男性交谈场所"为男性重新设计"的代表，并主持"我们的非受欢迎研究会"的西井开就指出"彼此不互相评价的人之间要进行对话②"。

本书有幸请来清田隆之、星野俊树、小岛庆子，与他们展开了对话，对话中的关键词为"以平等的关系展开交流""用语言表达感情的行为"。我想解开男孩们的诅咒的关键已经显而易见了。

---

① 吉列，《我们相信：最好的男人能够做到》。
② 西井开，《男性在"隐形特权"和"隐藏的压抑困难"中，如何生存？》，《现代商业》，2020年3月8日。

希望你不要拿性暴力开玩笑

其二就是关于性暴力,我希望你们不要把它当作玩笑并对其轻视。做出一些"掀裙子"之类的行为,就算做出这些事情的人并无恶意,只是想玩一下,但却会给受害方带来伤害,希望你们能认识到这点。

骚扰、性暴力,实际上在我们的日常生活中随处发生。有时会以无恶意的玩笑和黄段子等形式出现,又或是媒体上出现的"带色情的场景"会被描述成笑话。把这些内容当作玩笑和娱乐来进行消费,有可能会让曾有过严重被害经历的人受到伤害。把这些当成好笑的事,还会让自己对性暴力感到麻木。我希望你们能有无论是谁在笑,你们也不跟风的勇气。

如果不是和当事人十分亲密,彼此也非常了解的情况下才故意开这种玩笑的话,还是要谨言慎行。"只是玩笑"并不能成为暴力、做出让人厌恶的事情的正当化理由。我希望你们能意识到"把不能开玩笑的事情当成玩笑,这本身是个问题"。

第六章 ｜ 致未来的男孩们

希望你们成为敢于抵抗跟风压力的男性

　　男生集体一起看成人内容，评论班上女生的身材，相信这样的事情屡见不鲜吧。我在第二章中解释了如何建立同向社会纽带。在这种情况下，谁都会习惯性地跟风行事。但是，如果男生集体越界了，会对女性造成伤害，或者有可能发生不被允许的行为时，请你们拿出拒绝、拿出退出这个群体的勇气。

　　我们来具体想象一下吧。修学旅行和集训时，朋友们想偷看女生洗澡，他们兴致勃勃，并开心地交换偷拍到的照片时你们会怎么做？只有自己拒绝的话，是需要勇气的吧。但是跟风参与进去，自己也就成了加害者，之后后悔就为时已晚。这时候说一句"你们别这样"，或许他们会幡然醒悟。希望你们能有把这句话说出来的勇气。这样的勇气，肯定能在你们成为大人，面对不讲理的职场骚扰而痛苦时，为你们能逃脱出来提供助力。如果不跟风行事，或许你们会受欺负、被同伴排挤，会被嘲笑说是个不合拍的奇葩。但是坚持不跟风，会让你避免失去其他重要的东西。

　　而且，这个所谓的"男生"团体，里面的男孩子并不一定都喜欢女性。就算说喜欢，可能里面有不善于将实情跟别人诉说的人在。或许开这种玩笑的朋友里面，还有同性恋人士，可能他们的内心正被疏离感折磨。如果你们有这种考虑到他人的想象力，这是件好事。

希望你明白——男人生来自带"特权"

既然生在性别歧视结构强烈的社会，即使不是自己选择生为男性，也只是因为"是男性"，在性别歧视结构下就处于"特权"地位。希望今后的男性、男孩子们能够行使这项特权，积极反抗性别歧视和性暴力。

但是，我想也有人会想"我并不是因为喜欢才生下来是男性的，还有很多比我更坚强、成绩更好的女生。自己也有很多痛苦的事情，因为是男人反而会吃亏。那么，为什么我要对性别歧视积极发声呢"。

研究多数派特权的出口真纪子（上智大学文化心理学科教授）将"特权"定义为"因属于某个社会集团，从而不劳而获地获得优势[1]"。

"majority/minority"普遍的意思为"多数派/少数派"，从人数上看，男女性人数相当，用这样的词形容可能会听着有些奇

---

[1] 出口真纪子，"立场心理学：考虑多数派的特权"，上智大学开放式课程，2016年度秋季学期。

怪。但是多数派和少数派这两词，也含有社会地位上处于优势或劣势的意思在里面。从这个意义上，女性作为女性容易遭受暴力、被轻视、被侮辱，这么看来这一群体果然还是属于少数派。

很多女性在体格、体力方面都不如男性，所以会有物理上比不上男性身体的感觉。在车站等车，有的男性故意挑选女性去撞，因为他们想着"如果是女性的话，就不会反抗吧"。这种带有侮辱和骚扰性质的事件，在不久前成为了社会话题。

很多男性在走夜路的时候，或是坐挤满人的电车时，也不用担心会遭受性侵害。我实际上多次遭受到这方面的骚扰，不过男性们就算听说女性有这样的经历，也就觉得是别人的事与自己无关。所以我总是会注意安全，保持警戒地生活着。挑选住房时我也会找有自动锁且在三层以上的公寓，走路不放心的时候，宁可多花些钱搭乘出租也要保证人身安全。

我的一位男性朋友曾谈到自己学生时代的穷游经历，他连旅馆都不住，就开车旅行，找不到旅馆就搭帐篷或者在车里过夜，听他这么说，我真的很羡慕。因为我觉得女人做不到这么自在随心的旅行。如果像他那样，女性很可能会遭到性犯罪的侵害，而男性则能在生活上不用对这方面过多戒备。

在找工作的时候，如果工作调动了，是否会很难兼顾家庭生活呢？还有，有多少女性前辈一边抚养孩子一边工作呢……这些都是女性非常在意的信息。然而男性却可以几乎不用在意这些事情就能活下去。

　　社会学家金树里安写道："'无察觉地生活着的人''无知地生活着的人''没受到伤害生活着的人',是享有特权的多数派①。"照此看来,世间大多数男性对于女性的不安和烦恼都是"无察觉、无知、没受到伤害"的人,果然他们还是"多数派"。

---

① 金树里安,《"对种族歧视不感兴趣"日本人在现实上有很大特权》,《现代商业》,2020年6月26日。

用行动践行与"特权"相伴而生的"责任"

虽然不太现实，但我想干脆男性也可以穿上女装生活一段时间，这样就能真切地感受到女性的生活了。有很多书和网络上的内容，也谈到了实际作为女性生活后，感受到社会对其待遇不同的经历，比如有这样的经验之谈：一位男性公司职员，误用女性的名字给客户发送邮件，结果对方采用完全不同的应对方式[①]。

就像这样，即使个人没有蔑视女性的意识，但生活在一个有性别歧视结构的社会里，女性感受到了恐惧、不利、不快，而男性却毫无感知……这样的状况确实存在。这就是男性的"特权"。

即使说了同样的话，男性的话也比女性更容易被接受。女性指出性别歧视，容易被认为是"情绪化的、歇斯底里的要求"，从而经常遭到抨击。反之，大多数男性说的话，不会像女性那样受到指责，比女性更容易表达意见。

我认为，不仅是性别歧视，所有歧视都是如此。为了消除歧视，

[①] 安田聪子，《用女性的名字发送工作短信后，发现了隐形歧视的男性的故事》，《赫芬顿邮报日本版》，2017年3月17日。

多数人必须注意到歧视的结构，将其视为问题，并采取具体行动以做出改变。

这也让我对最近的"黑人的命也是命"运动产生了思考。

2020年5月25日，美国明尼苏达州明尼阿波利斯市发生一起令人震惊的事件，黑人男子乔治·弗洛伊德被警察按在路上，颈部被压迫致死。对此，美国各地爆发了大规模抗议运动，事态十分混乱。在这样的漩涡中，推特上传了一张照片，照片中，白人们手挽手列队与警察对峙，以保护静坐的黑人抗议者们。投稿者对此写道"这就是特权的使用方法"。

就算不是自己选择出生成白人，如果自己拥有多数派的特权，就要行使特权来纠正不正义。性别歧视也一样，作为多数派的男性一方，需要理解和考虑到女性，并采取具体的行动。

虽然也有人会说："自己并没有歧视女性，但是还一定要做些什么吗？"但仅仅男性们各自没有性别歧视的意识，并不意味着社会上的性别歧视就消失了。

据出口真纪子的说法，歧视有以下三种形态。我再稍微补充一下的话，具体如下：

①直接歧视：指直接侮辱、排斥对方的行为；

②制度歧视：在法律、教育、政治、媒体、企业等制度中发生的系统性行为；

③文化歧视：根据属性的不同，对美丽、行为等适用的标准

也不同，很难对歧视本身进行具体定义。

　　说"自己没有歧视女性"的，只不过是指没有进行①直接歧视，但这并不意味着没有进行②制度歧视和③文化歧视。所以要承认存在②和③形式的歧视，努力消除这些形式的歧视。这是社会成员的责任，尤其与大多数男性的行动相关。

　　那么到底该怎么办呢？或许有些人会像这样感到迷惑。刚开始不必进行大动作。首先可以倾听就性别歧视提出意见的人的声音。有意去了解这些内容，然后持续思考自己能做些什么，这是行动的第一步。比如，女性在谈论被色狼骚扰的话题时，有些人会插话说"也有人是被冤枉的"等。这是不听女性说话的典型例子，请把他当作反面教材。其他话题就在其他时候再讨论，请先好好听对方对性别歧视和性暴力的发声和控诉。

第六章 | 致未来的男孩们

熟视无睹是消极和不正义的助纣为虐

眼前有性别歧视和性暴力，明明可以做出一些行动却什么都不做，就是消极地参与到非正义的情况。并没有中立的立场。

加拿大安大略省为消除性暴力运动发布了一段视频，上面写着："你会帮助谁？"①在一个像派对一样的地方，有一个男人对一个醉醺醺的女人进行性骚扰，那个加害的男人突然对着镜头说："谢谢你保持沉默。"在其他几个性骚扰场景中也一样，加害男性在行为过程中，突然转向镜头发出"谢谢你保持沉默（多亏了你我才能继续下去）"的信息。

最后播放的字幕是："你什么都不做，反而能帮到他（加害者），但你要是采取行动，就能帮到她（被害者），那么你会帮助谁呢？"这个视频充分告诉了我们，当眼前出现了歧视和暴力事件时，如果什么都不做，反而成为了加害一方的帮凶。

有很多意外简单的小行动，就能预防被害或帮助到被害者。比如在夜班车上有一名酩酊大醉的女性，然后有个可疑的男性一

---

① 《你会帮助谁？性暴力广告运动》。

直在看着那个女性,你可以上前故意大声询问那名女性:"你没事吧,有没有人来接你?"(这是我实践过的方法)如果自己可以的话,也可以拜托车站工作人员、周围的女性帮忙。

发现色狼的时候,突然问加害者"你在干什么"从而把他吓到。就算做不到抓住加害者的胳膊,那自己把加害者与被害者从物理上隔开,在手机上打字,写出"是认识的人吗"并将字展示给女性以示询问,这点应该可以做到吧。

有这么个具体的例子,澳大利亚维多利亚州的启发性视频①中,有一名在电车内一直盯着女性看的男性,而另外一名男性乘客发现了这个异常,于是内心就要不要介入此事开始自问自答起来。最后,那名男性乘客走到了可疑男子和女性之间站着,示意那名可疑男性自己注意到了他的情况。仅仅是这样一个小举动,就能阻止一场令人不快的行为。

话是这么说,但也并不总是能每次采取适当的行动的。有时也可能会在没有自觉的情况下,做出歧视性的言行,被人指指点点,感到无地自容。

我经常看到一些男性,他们本来对性别歧视感到愤怒,却被女性指出"你说的这些话带有歧视性"而感到震惊,然后也因此改变了态度,闹起别扭来。承认自己的歧视性言行是一件痛苦的

---

① 《尊重女性:喊出来——积极的旁观者》。

事情，但客观地看待自己的行为，如果做了错误的事情，就要有勇气承认，该道歉就道歉。只有这样才能不断提升自己。我也认为，如果能认识到自己存在歧视意识和加害性的言语，虽然发现错误很痛苦，但要有谦虚面对它的勇气，为了提升自己必须不断思考。

请明白社会终将改变

1990年前后，生命保险公司的销售人员以向客户分发女性裸体照片的日历作为服务，这是现在无法想象的社会风气。接受者也会把它显眼地装饰在公司办公桌上。现在如果有这样的职场环境，就会被认为是"环境型性骚扰"，如果雇主置之不理的话，可能会被追究法律责任。

在第五章中提到的"行动起来女人会"于1990年10月，向三井生命发出了质询函，提出了"在职场中看到这样的日历之类的物品，女性会有怎样的感受"的问题。经过讨论，三井生命更改了日历的图案。

另外，以前的温泉旅馆里，男浴池比较宽敞，而且还带露天浴池，会气派很多，女浴池则比较朴素。这也是日常生活中看起来理所当然的性别歧视。"行动起来女人会"通过向日本全国的温泉旅馆发送问询函等方式，以男女温泉浴池每天互换的方式，实现了浴池运用上的男女平等。

"行动起来女人会"，对于感受到性别歧视的企业广告海报等，通过发送公开质询函等方式，积极地表达意见，创造了对话的机会。最终，企业撤销了受到质疑的海报和广告，其内容也发生了变化。

但是，该会的这一系列提问行动，在当时的杂志上，却被嘲笑以及冷眼看待。用"女人在子宫里思考""不受欢迎的女人的偏见""女人的歇斯底里"等话语来讽刺她们。

像是职场上物化女性的事情，实际上是在我们面前受到嘲笑、被愚弄的同时，为了让社会变得更好而努力的人们的成果，这样的事情有很多。现在理所当然的女性参政权，在没有这个权利的那个时代，要求女性参政权的女性们被嘲笑，甚至被当作危险人物。被嘲笑、被愚弄本身是一件令人不快的事情，但随着时间的推移，社会的价值标准也会发生变化，认为其实嘲笑、愚弄别人才是最可笑的行为。现在社会上的问题也是，像是等着就会有人来解决的想法是不对的，社会不会自然地向好的方向"转变"。不管是女孩子还是男孩子一定要知道，自己行动才可以做出"改变"。

这当然不仅仅是在性别歧视和性暴力问题上。其适用于任何主题，希望你们能成为这样一个成年人，即使是站在多数一方，也能以自己力所能及的方式，积极地行动起来。

致未来的男孩们

请与对方构建平等的两性关系

不知不觉就提出了那么多的希望。

我不认为还在上小学的男孩子们可以把我写的所有内容都理解明白。但是，我希望通过循序渐进的教育，男孩们能够在成年之前明白这些事情。

每个人都有歧视意识。特别是性别歧视，因为太过日常，稍不注意就会把性别歧视无意识地内在化吧。即使是优秀的商人和对人权和社会变革提出崇高理想的自由主义活动家，他们也可能有许多关于性别歧视的陈旧价值观，并对自己的加害行为感到迟钝。这样的例子我也见过很多。

我认为，无论是谁，在成为成年人的过程中，如果不把性别和性别歧视的结构作为知识来学习的话，自然是无法克服这个问题的。我想如果能在人生的早期阶段就知道的话，也会减少社会人群的性歧视的问题，希望今后男孩们也能一直意识到这点。

我想，概括起来，我所追求的一点都不特别，即普通地把女性作为人来尊重。

第六章 | 致未来的男孩们

停止"男子汉气概"竞争,不要看不起"没有男子汉气概"的人,不要用贬低别人来排解自己的孤独和不安。

我想,各种各样的歧视,是由于人类的软弱所产生的,他们随意地制造出认为比自己低等的属性,并通过贬低具有这种属性的人来排解自己的不安。所以,希望大家能够有意识地重置和别人比较高下的价值观,尽量构建扁平的关系。不总是作为教授一方,而是有教授和被教授的关系。既有帮助也有被帮助的关系。同样是人,这不是很自然的事吗?

常常因为自己不在"上位",心里就不踏实,这种想法是不健康和不幸的。希望今后的男孩子们能够与女性建立平等的关系。

请你们携手，为缔造社会"新常识"共同努力

虽然家庭对培养性和性别意识的影响很大，但仅靠家庭能做的事情也是有限的。孩子长大一些后，父母说的话也会变得只听一半吧。当父母的也不能完全阻止孩子通过周围的朋友、成年人，以及电视和互联网对他们形成价值观的影响。

所以，性教育上，不能光靠父母坚持，还要从整个社会中消除性别歧视的价值观。即使我儿子既不是加害者也不是受害者，但这还不够。我认为，只有全社会的"常识"得到更新，才能真正实现谁都不是性别歧视和性暴力的加害者，也不是被害者的世界。

为此，每个人要对自己感到"奇怪"的事情发声。虽然需要一步一脚印，但我相信这在很长的时间之后会结出成果。

正如前面所写的，"掀裙子"在动画和漫画中经常被描绘出来，在我曾上的幼儿园和学校里，也能看到这样的事情。但是，现在不管是现实还是漫画，几乎都没听过发生这样的事了。我想，这也是普通市民们发声"不可以掀裙子，这是性暴力"，通过这

种不断的积累，逐渐在整个社会形成"果然不好啊"的意识的结果。由于社会的自我净化作用，这种性暴力的形态也急剧减少了吧。我认为这不是法律，而是通过不断的讨论改变过来的。

说实话，我有看过很多性暴力和性骚扰事件的经验，这也让我对肇事者能否从根本上悔改和改变变得相当怀疑。江山易改，本性难移。但是，社会常识可以不断地更新和变化，人们的行为方式和思维方式也会因此而改变。为此，必须对年轻一代进行适当的教育，并提供给他们信息。超越性别和年代，彼此不断交换意见，逐渐创造出没有性别歧视的"新常识"，我想这在今后也是可以做到的。

就我周围的所见所闻来看，我觉得现在这一代和新一代的年轻男性，比起我父亲那一代，更有灵活分担家务和育儿的倾向。如果我的儿子和同龄的男孩子们能够认识到这个社会的歧视结构，能和女性一起并肩作战的话，随着老一辈的退场，日本社会将会发生很大的变化。

这也是我们这一代人必须为下一代女性做的事情。

过去，先人们经过长期的斗争，取得了女性参政权、女性与男性平等工作的权利，并将这些传给了我们。即便如此，性别歧视仍然存在，但前人留下的东西，支撑着活在当下的我们的自由。

我们这一代能给下一代人留下什么遗产呢？试着思考这个问题，尤其是我这样，作为培育男孩子的人，我想应该就是"让我的孩子不成为有歧视性观念的男性"的同时,"让对性歧视、性暴力感到愤怒,会一同对此抗争的男性变得更多"。

思及此,我写下了这本书。

第六章｜致未来的男孩们

后 记

关于在性别歧视社会中，养育男孩的困难之处，我在 2018 年 12 月第一次以接受采访的形式表达了出来（"父母和孩子如何面对性别歧视社会？"——《信息知识解说辞典》）。并得到了很多"快把我想过的都说出来了"像这样的赞同反应。

之后，《非常》杂志 2019 年 1 月号（光文社）刊登了一篇文章，题目是《"如果能好好处理家里的事情，我也可以工作呀"，为了将来儿子不对伴侣这样说，现在就能做的事情》，我饶有兴趣地阅读了这篇文章。从这个标题中，我不禁想起了很多女性的身影，她们因为和丈夫在家务和育儿的分担问题上的冲突而疲惫不堪，"这人如果不从孩提时代开始就重新来过，思想是不可能改变的。希望儿子不要变成这样的人"。（这也是我在离婚案件中经常看到的女性）

同年 3 月，《男孩为什么要养成"男子汉气概"》（瑞秋·吉扎著，读书出版社）在日本出版。笔者与同性伴侣共同养育了男孩，并为在性歧视的社会中，养育男孩的艰辛而烦恼。对于她希望今后的男孩子们能过上自由、幸福的人生这一观点,我深表同感。

在杂志《丽》2020年2月号(集英社)上,就刊载了以"你有说过吗?'因为是男人''因为是女人',你可能在生活中无意识地做出性别歧视的行为!"为题,在教育孩子上列举了一些性别偏见的内容。

由此,我们也感受到了这样一个时代情况——"无论是为了减少男性的痛苦,还是为了消除性别歧视,抚养男孩子的方法都是其中的关键",很多人,特别是参与到抚养男孩子的人们,都开始思考这个问题。

在这种情况下,"在抚养男孩子的过程中,就会苦恼于这样的事情,该怎么教才好呢"?作为目前也在育儿的人,于是我以开创性的想法写出了这本书。

当性别歧视和性别差距成为问题时,受关注和赋权的对象主要是女性和女孩,而不是男性和男孩。也就是说,性别歧视结构容易被视为"女性的问题"。当然,由于性别歧视而受到直接不利、严重不良影响的是女性,在这个问题上,女性是当事人是无可厚非的事情,我自己一直以来也以女性的身份思考性别歧视问题。

然而,当我成为两个儿子的母亲时,我对他们在性别歧视问题上,要如何做好教育,就有了很多想法。工作、家务、育儿……在忙碌的日常生活中,能有机会将毫无条条框框的思考变成这样一本书,也让我感到非常庆幸。希望这本书能成为给下一代留下更美好的社会,和同时代的其他人们一起思考这方面问题的契机。

衷心感谢清田隆之、星野俊树和小岛庆子给予的宝贵对话机会,带来了许多启发。我还要感谢负责画出如此绝妙的插画和设计的插画家马西莫尤、后藤叶子以及大月书店的岩下结。

不拘泥于旧有的"男子汉气概",作为多数派谈论性别歧视——像这样,让下一代人觉得"想像他那样"的榜样男性,我认为在日本社会中还比较缺乏。包括我的儿子们在内,希望今后的男孩子们,在可能缺乏榜样的情况下,成为自己创造出这种榜样的一代人吧。

作为父母,作为成年人的一员,我由衷支持、期待和守护你们的挑战。

太田启子